降本设计

面向产品成本的创新设计之路

科理咨询（深圳）股份有限公司　组编

朱践知　江先伟　蒋浩敏　编著

机械工业出版社
CHINA MACHINE PRESS

本书紧紧围绕降本设计方法——面向制造与装配的设计（DFMA），详述了企业应用 DFMA 的方方面面，包括组织架构的调整、整体推进路径、人才培养以及降本设计具体方法的应用等，并提供了应用案例，力求能帮助企业快速使用 DFMA 方法实现降本。

本书适合制造业企业进行产品研发、设计和管理的工程技术人员与管理者参考使用。

图书在版编目（CIP）数据

降本设计：面向产品成本的创新设计之路/朱践知，江先伟，蒋浩敏编著；科理咨询（深圳）股份有限公司组编. —北京：机械工业出版社，2021. 12（2025. 2 重印）

ISBN 978-7-111-69752-7

Ⅰ. ①降…　Ⅱ. ①朱…②江…③蒋…④科…　Ⅲ. ①产品设计-成本管理-研究　Ⅳ. ①F273. 2

中国版本图书馆 CIP 数据核字（2021）第 257074 号

机械工业出版社（北京市百万庄大街 22 号　邮政编码 100037）
策划编辑：李万宇　　　　　责任编辑：李万宇
责任校对：史静怡　王明欣　封面设计：马精明
责任印制：单爱军
北京虎彩文化传播有限公司印刷
2025 年 2 月第 1 版第 3 次印刷
169mm×239mm · 10. 75 印张 · 139 千字
标准书号：ISBN 978-7-111-69752-7
定价：59. 00 元

电话服务　　　　　　　　　网络服务
客服电话：010- 88361066　机　工　官　网：www. cmpbook. com
　　　　　010- 88379833　机　工　官　博：weibo. com/cmp1952
　　　　　010- 68326294　金　书　网：www. golden- book. com
封底无防伪标均为盗版　机工教育服务网：www. cmpedu. com

0.1　一切从源头开始

企业要赢得总成本最低的有利地位，要求产品设计要便于制造生产。

——迈克尔·波特

2020 年对于制造型企业是一个寒冬，从汽车到家电，从通信电子到装备制造，销量持续下滑。随着产品同质化的加剧，企业想要赢得市场不得不走降价策略，以较低价格与诸多竞争对手血拼，由此带来的是利润的大幅下降。

2021 年市场下滑趋缓，消费者的购买力抬头，面对有限的市场需求，如何在竞争的夹缝中分一杯羹，是每一个企业必须面对的问题。出路在哪里？继续以降价换市场？企业还能承受多久？变现的销售收入是否能够让企业彻底转危为安，抑或是会成为压垮骆驼的最后一根稻草？在成本固定的前提下，这个问题的答案只有一种：降价等于饮鸩止渴。

如何能够有效降低产品的成本，同时保持产品的品质不受损，从而在残酷的市场环境中获得足够的价格优势，这是摆在每一位企业管理者面前的一个必须要解决的问题。

那么，产品成本应该从哪里降呢？

如图 0-1 所示的影响产品总成本的几大因素，包括研发设计、物料或采购、直接人工（生产）、销售、一般管理。尽管设计的直接投入成本只占了 5%，但是却会影响 70% 的成本。物料或采购的直接投入成本达到了 50%，这也是很多企业管理者最希望将其作为降本着手环节的主要原因，但是其对总成本的影响却只有 20%。直接人工和销售、一般管理对总成本的影响都不超过 5%。

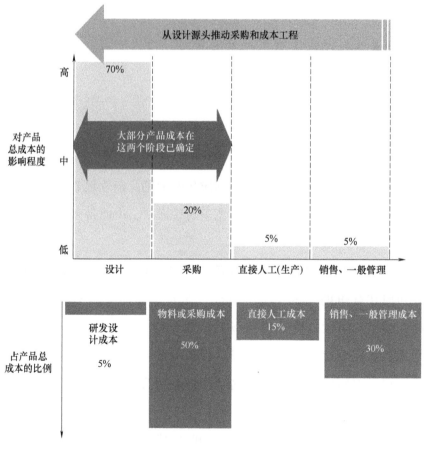

图 0-1　影响产品总成本的几大因素

　　产品的源头在研发设计，决定成本的源头也在研发设计，因为研发设计决定了每个零部件的材料和工艺、需要的相关设备、装配方式、直接人工、质量水平，等等。一切产品管理应该从这个源头开始，要有效地管理好产品成本，也要从设计抓起。可以总结成一句话：成本是设计出来的。

0.2　企业关于产品降本的误区

　　误区一：产品降本主要靠生产过程和采购，尤其是与供应商砍价是最快速有效的方法

　　实际情况是：

　　● 产品设计确定之后，大部分的成本就已经确定了，生产和采购能影响到的成本通常不会超过 20%，即使能改，代价也会更大。

　　● 任何供应商都不会心甘情愿地减少自己的利润，即使能算出他们的实际成本。

　　● 企业要基于双赢的心态与供应商谈判，比较理想的方式是帮助供应商发现生产中不合理的地方，并改善生产过程，从而降低供应商的成本。

　　误区二：从设计源头降本就需要改动产品很多现有设计，也就是要新开发很多模具，成本投入太大，不划算

　　实际情况是：

　　● 所有与产品相关的投入都需要计算投入产出比，只有投入产出比合理的项目才值得做，通过改善设计来降本也不例外。

　　● 当产品产量足够大时，如果能通过设计方法降低单个产品的成本，获得的收益肯定是会超过投入的，这时就肯定值得去做降本设计。

　　产品竞争力的源头在研发设计，决定产品成本的源头也在研发设计，所以必须先于其他因素先去抓研发设计。

在过去数年里，科理咨询（深圳）股份有限公司（简称为科理公司）的咨询团队向国内各类型企业提供了降本设计服务，行业涉及汽车、发动机、家电、通信电子等，其中也包括航空航天行业。虽然行业差别很大，但产品都有一个共同点：产品有较为复杂的装配结构，在设计方案上可以有很多不同的选择。这样的产品只要从设计源头入手，都可以找到降本的空间。

在服务各家企业一段时间后，科理公司咨询团队逐渐意识到在产品成本优化方面，什么才是对企业真正有意义的工作，遂进行了咨询服务策略的改变。起初，科理公司咨询团队在企业工作的焦点是针对具体的产品，觉得只要攻下产品这一关，就可以攻破产品成本这个堡垒。后来咨询团队发现，只在产品上发力是不够的，授人以鱼不如授人以渔，企业的专业人才储备和健全的体系建设才是保证产品成本优化工作有序进行的关键。于是在产品成本优化上取得突破后，咨询项目的方向立即转向专业人才培养和成本体系建设。经过实践证明，这个方向是正确的，一群专业的人在完善的体系下绝对可以产生强大的内驱力，主动去发掘设计上更多的降本机会，不断完善产品，优化性能和成本。甚至，这群专业精英还会把整个供应链拉动起来，用双赢的模式推动供应链降本。

本书基于科理公司咨询团队在降本设计方面的相关咨询经验，围绕"成本构成""产品成本战略""降本设计在企业中的实施及推进""对标中心对降本设计的影响""降本设计对供应链的影响"等多个角度，立体化地展示了降本设计工作的推进方法，同时引用了大量的企业案例帮助读者理解降本设计工作的关键点。

本书抛砖引玉，希望帮助企业通过降本设计提高市场占有率、竞争力，也真诚希望能在持续降本这个领域里与读者朋友们碰撞出更多的智慧火花。

目录 ◑

Contents

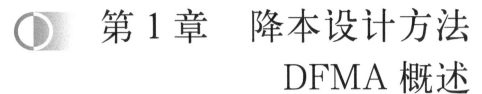

第 1 章 降本设计方法 DFMA 概述

1.1 各种降本方法的简介及区别

1) 价值工程（Value Engineering，VE）。价值工程是从第二次世界大战发端，逐步发展完善的，今天已经成为很多企业进行降本设计时使用的常规方法。价值工程从分析产品功能入手，结合市场上客户对产品各方面功能价值的评价，评估各个产品功能在成本投入上的合理性，并针对成本不合理的地方进行设计上的改善。

2) 目标成本法（Target Costing，TC）。目标成本法通过在设计早期设定整个产品的成本目标，量化控制产品的各项成本。注意如果没有一个合理的成本评估方法，很难保证目标成本法设定的成本目标的合理性。

3) 早期供应商参与（Early Supplier Involvement，ESI）。早期供应商参与是一种重要的供应商管理方法，通过在设计早期请供应商参与评估，可以更好地将产品设计与供应商能力匹配起来，避免在后期生产采购时遇到供应商无法完成产品生产的问题。

4) 标准化设计（Standardization Design，SD）。标准化设计是近年来比较受欢迎的一种设计方法，主要是通过统一设计标准和模式，使得产品尤其是零部件设计的适用范围更广泛，有助于提高零部件的通用程度，实现更合理的产品经济性。标准化设计还包括建立零部件选型标准清单，尽量选择现有的、经过验证的零部件。

5）面向采购的设计（Design For Purchasing，DFP）。面向采购的设计是指在产品的设计阶段，利用供应商的标准工艺与技术，以及使用工业标准零件，方便原物料获得的便利性。这样，不仅大大减少了自制所需的技术支持，同时也降低了生产所需的成本。

6）面向制造与装配的设计（Design For Manufacturing and Assembly，DFMA）。面向制造与装配的设计是通过降低产品的复杂度，提高产品的可制造性和可装配性，从而实现产品全面降本的设计方法。

可以看到，上述方法中有几种主要关注的是采购环节。这并没有什么错，但是如果要谈降本的效果，从采购环节降本终究不如从设计环节降本的效果好。DFMA 方法和价值工程方法都是从设计源头降本，是本书要探讨的重点方法。

1.2　DFMA 方法简介

"面向制造的设计"（Design For Manufacture，DFM）指的是产品设计需要满足产品制造的要求，具有良好的可制造性，使得产品以最低的成本、最短的时间、最高的质量制造出来；"面向装配的设计"（Design For Assembly，DFA）指的是产品设计需要满足产品的可装配性要求，确保装配工序简单、装配效率高、装配质量高以及装配成本低。面向制造与装配的设计（DFMA）则是指 DFA 和 DFM 的结合。

可装配性与可制造性设计思考方向如图 1-1 所示。

DFMA 中一个重要的降本方式是在产品设计阶段就考虑消除在制造和装配过程中的浪费。当设计完成、产品投入量产后，应该运用精益生产的

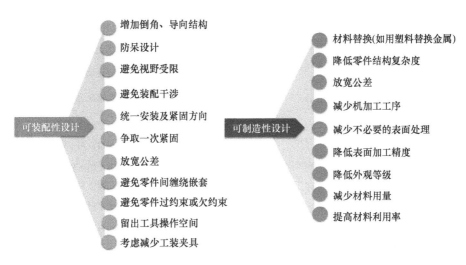

图 1-1　可装配性与可制造性设计思考方向

方法，尽最大努力在生产线上消除七大浪费（缺陷、等待、过度加工、过量生产、搬运、库存、动作），降低成本。比如为了降低库存的浪费，采用拉动式生产；为了降低搬运的浪费，把工序之间的距离尽量缩短；为了消除动作的浪费，在装配的过程中设计了一些工装治具，等等。DFMA 的降本方式是在产品设计阶段，就把所有不必要的零件尽量消除，这些零件消失了，由这些零件所带来的所有浪费也就随之消失了。这种实现零件最少化的设计叫作简化设计。

在设计中减少零件数量的五个方向如图 1-2 所示。

什么样的零件才是最可靠的零件呢？从 DFMA 的角度来说，最可靠的零件是不存在的零件，因为一个不存在的零件不会在物料清单上出现，也不需要图样、数模、规格，不需要用工具或者设备来生产，不会增加产品的成本负担，也不需要找供应商，不需要采购，没有包装，没有运费，不需要做备件的储存，不会产生库存，而且也从来不会因为零件的缺失而导致停产停线，不存在返工或报废，也不需要对零件进行设计变更，更不需要拆包、计数、检验、储存、配送，也不需要根据对生产的预测来进行

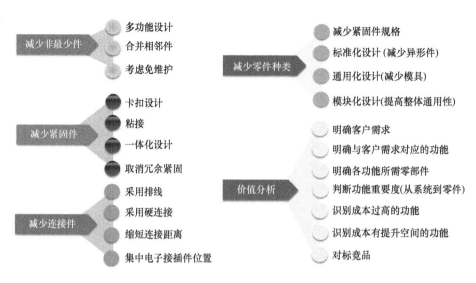

图 1-2　在设计中减少零件数量的五个方向

排产。

　　对于那些必须存在的零件，应该怎么设计呢？DFMA 的理念是设计出的零件应该是"易于装配的"，设计时要考虑零件的装配方式，理想目标是让一个装配工人蒙着双眼，用一只手就能够把零件装配到产品上。如果一个工人能够不用眼看，单手组装完整个产品，这样的产品设计就具备了最好的可装配性。下面用一个柯达门的实际案例来说明简化设计能够带来的显著效益。

　　图 1-3 展示了柯达门 DFMA 降本设计案例，这个案例来自柯达投影机上的一个门体组件的降本再设计。该门体组件的原设计由 5 个零件组成，核心零件是门体和卡子，由于卡子需要来回移动，所以增加了弹簧。卡子是用螺钉固定在门体上的，因而也采用了一个垫片。由于用螺钉紧固，在装配过程中必须使用工具——螺钉旋具（螺丝刀），这增加了装配成本。把 5 个零件组装在一起需时 40 秒，组件的总成本为 9.5 元。应用 DFMA 方法和软件对门体组件进行分析，识别出只需要两个零件即门体和卡子就能

完成所需功能。新设计对卡子采用了多功能设计，将原来的卡子、弹簧和紧固功能集成在一个零件上。新设计卡子通过卡接方式直接固定在门体上，组装时间只需要 5 秒，组件总成本是 4.6 元。

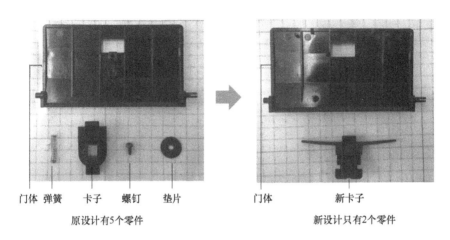

门体 弹簧 卡子 螺钉 垫片

原设计有5个零件

门体   新卡子

新设计只有2个零件

图 1-3 柯达门 DFMA 降本设计案例

这个降本设计项目成功地将总成本从 9.5 元降至 4.6 元，降幅高达 51.6%，这还只是能够量化的直接财务收益，而相关间接收益远远不止于此，如图 1-4 所示为生产管理投入的变化。

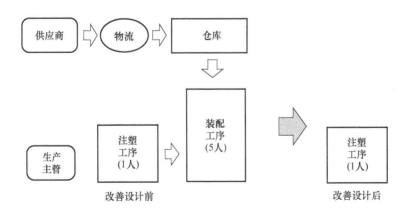

改善设计前   改善设计后

图 1-4 柯达门改善设计前后生产管理投入的变化

进一步来探讨一下两种设计的生产方式，原设计共有 5 个零件，两个核心零件门体和卡子是注塑件，自己生产；其他 3 个零件弹簧、螺钉和垫片采购自不同的供应商，对于 3 个采购件需要进行下列活动：供应商评估，制定采购计划，下单采购，物料检验，物料储存，按订单排产，在装配线组装，涉及的部门包括采购、来料质检、仓储、生产计划、装配车间等。新设计只有两个零件，门体和卡子，都是注塑成型，使用一个模具同时注出这两个零件，出模后装配工直接组装。新设计没有外购件，只需采购塑料原材料，通过单一工艺生产，消除了供应商管理、运输、仓储、搬运等不增值活动。这个例子完美诠释了从设计源头运用 DFMA 方法进行降本的巨大优势，体现了这样的改善带动的是全价值链的降本。

DFMA 方法可以在三个方面发挥作用：

1）作为开展并行工程的基础，为分布各地的设计团队在简化产品结构、减少制造和装配成本、量化改进等方面提供统一的指导。

2）作为研究竞争对手产品的基础工具，可以量化制造和装配的难度。

3）作为成本管理的工具，可以控制产品开发成本，并帮助采购在核算供应商产品成本的基础上与供应商达成合理的采购价格。

1.3　DFMA 方法的适用行业及系统化应用方向

DFMA 方法适用的产品特征：结构相对复杂，零件种类和数量都比较多，而且结构件比例比较高，产品装配环节比较多。

DFMA 方法的适用行业包括：汽车、家电、机械制造、电子通信、家具、医疗器械、航空航天等。

当今世界，在上述行业中都有很多企业在运用 DFMA 降本。比较知名的企业有汽车行业的福特、通用，它们两家都是 DFMA 早期用户，目前都已经形成了一套内化的从设计端降本的体系。通用电气在所有的事业部都推行 DFMA 做产品降本。其他知名企业包括波音、雷神军工、博世、

TRW、麦格纳、宝马、康明斯、惠而浦、科勒、霍尼韦尔等。国内的企业包括北汽、广汽、美的、海信、方太等企业，它们都在企业内不同范围推行 DFMA 方法，且取得了显著的成效。

DFMA 方法的系统化应用方向如图 1-5 所示。

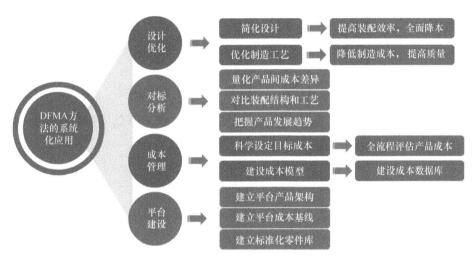

图 1-5　DFMA 方法的系统化应用方向

1.4　产品成本的构成和管控方法

如图 1-6 所示，一个产品的成本可以分为材料、加工、装配、准备、报废、管理六个分项。其中材料、加工、装配成本占 75% 左右，也是在产品设计过程中需要关注的重点成本部分。

下面，简单说明这六个成本分项的管控方法。

1. 材料成本

产品的各个零部件都是由各种材料构成的。首先，如果可以通过设计将零件数量控制到最低，相应的材料用量会减少，材料成本就会较低；其次，可以通过可制造性分析，在不影响性能的前提下，找到成本更低的替

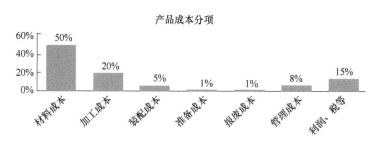

图1-6　产品成本细分及相关占比（估计）

代材料实现同一种零件的制造，从而进一步节省材料成本。除了技术方法外，合理评估供应商的生产方式和成本，合理议价，降低采购价格，也是节省材料成本的重要方法。

2. 加工成本

加工成本包括加工设备的运行成本，以及操作设备的人工成本。设备的运行成本与所选择的工艺、零件结构的复杂度、加工精度要求，以及加工质量水平相关。因此，在设计环节合理选择加工工艺、尽量降低零件的复杂度、放宽公差要求，都可以将加工成本控制在一个合理的范围内。这正是面向制造的设计DFM的核心理念。

3. 装配成本

装配成本主要来自装配过程中投入的人力以及相关的工具工装的成本。从产品设计的角度看，有两大因素决定了装配成本的高低。一是产品零件的数量，很明显，零件数量越多，装配的步骤就越多，投入的人力和工具工装的成本也就会相应较多。其次，每个零件是否易于装配，会直接影响装配效率，也会影响到装配成本。因此，作为设计工程师，在保证完成产品所需功能的前提下，如何将产品的零件数量控制到最低，而且每个零件都能很容易地装配，就成为控制装配成本的关键。这正是面向装配的设计DFA的核心理念。

4. 准备成本

准备成本即生产准备成本，主要指生产设备在达到正式生产条件之前所需的必要的准备工作，包括模具的安装以及生产参数的调试等。这部分成本可以运用精益生产的方法如 TPM（全面生产维护）、SMED（快速换模）等进行优化。

5. 报废成本

报废成本是生产过程中由于产品质量不合格产生废品而带来的额外成本。要减少甚至消除报废成本，就要做好设备的维护，做好工艺过程的优化和控制。产品设计过程中实现可制造性也会提高产品的质量。

6. 管理成本

管理成本包括生产设施的摊销、销售成本、非直接人工的人力成本等。管理成本的优化来自于管理水平的提升，包括运用精益生产的方法，以及提升行政及管理流程效率等。

本书第 6 章会针对产品成本构成再做详细阐述。

1.5　DFMA 方法基本流程

DFMA 方法针对具体产品的分析和优化设计方案生成的基本流程是：先选择一个现有产品，这个现有产品可以是当前自己开发并上市的产品，也可以选择一款竞品做分析；在对整体产品做了基本评价之后，进行拆解，从整体拆到子系统，再从子系统拆到最底层单独的零件；在拆解过程中获取各种数据，包括子系统和零件各个角度的照片，并测量零件的尺寸和重量；因为后续的分析要求按照装配步骤分析可装配性，所以在拆解之后需要梳理出完整的装配流程。如果是分析竞品，则在整合了所有信息之后，还要生成一个物料清单（BOM）。

在完成拆解后，运用 DFA 方法对整个产品的装配流程进行分析。分析的内容主要包括两个方面：一是找出对整个产品最重要的零件，也称最少零件；二是分析判断每一个零件的装配难度。

DFMA 方法基本流程如图 1-7 DFMA 从整体产品分析开始的分析及优化设计流程所示。

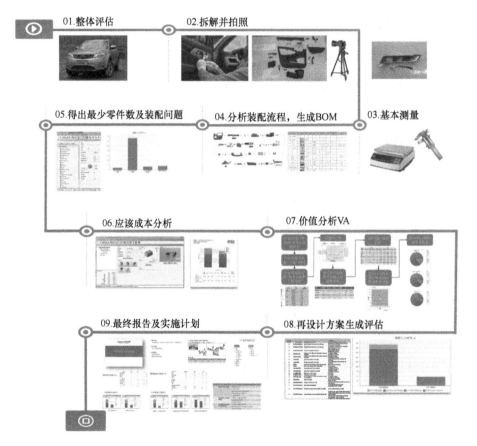

图 1-7　DFMA 从整体产品分析开始的分析及优化设计流程

最少零件是指对于产品最重要的零件，不管产品设计如何改变，只要功能要求不变，这些零件就要保留在产品上。对于每个零件，DFA 有标准问题判断其是否容易装配。当发现零件的装配问题时，可以推断出零件潜在的设计问题。

在 DFA 分析之后，核算各个零件的应该成本。在这里，应该成本是指按照正常的（平均水平）制造流程制造这个零件应该付出的成本。在计算时，应通过识别零件所用的材料和生产工艺，以及零件自身的规格要求，做出合理的估算。

在得出零件的应该成本后，运用价值分析和价值工程（VAVE）方法，并结合前面的 DFA 分析，识别出产品的降本再设计机会。VAVE 的方法简单来说，就是从分析产品的功能出发，找出功能模块之间的逻辑关系，并分析各个功能模块成本投入的合理性。对于成本投入过高的功能模块有针对性地通过再设计降本。要识别功能模块的成本投入是否合理，有以下几个途径：

1）了解市场上客户对产品各功能重要性的评价，客户认为重要的功能应该有足够的成本投入以保证质量，而客户不太看重的功能就可以减少成本的投入，甚至取消该功能。

2）对标市场上的竞品，比较不同产品之间同一个功能模块的成本，竞品在不同功能模块上的成本投入反映了竞争对手对于功能重要性的判断。如果企业自己的产品与竞品在某些功能模块上的成本差异明显，就需要评估其成本投入的合理性。

3）开发团队基于专业经验，对各功能模块的技术必要性做内部判断，梳理出不同功能模块的重要度，从而进一步判断各功能模块成本投入的合理性。

在综合了 DFA 分析和 VAVE 分析之后，开发团队可以开展头脑风暴，提出降本再设计方案，并通过筛选，将适合的方案合并成为整体产品的新设计方案，经过可行性评估之后，就可以付诸实施了。

本书会在第 6 章详细讨论 DFA 分析方法。

1.6 DFMA 简化设计案例

在设计实操中企业应如何将 DFMA 付诸实施呢？可以先看看下面的几个案例。

1）如图 1-8 通用汽车仪表板 DFMA 优化案例，通过 DFA 分析，识别关键零件后做一体化整合，大幅度减少了零件和紧固件数量，装配步骤随之减少，在降本的同时提高了后期维护和报废处理速度。

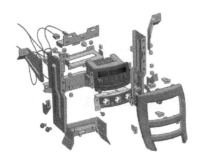

原设计:零件数很多，装配复杂
装配步骤: 482

新设计：零件集成度提升，零件数大幅减少
装配步骤: 121
节省成本: 35美元
其他收益: 减少了对环境的影响，并显著提高了报废后拆卸速度

图 1-8　通用汽车仪表板 DFMA 优化案例（数据来自 BDI 公司）

2）如图 1-9 所示，空调室内机导风部分原来分散的叶片通过一体化注塑成型变为一个单件，不仅节省了多模具的成本，也使得装配变得非常简单。

3）紧固件如螺钉、螺母会造成装配困难，并在产品使用中也会出现松动或生锈等质量问题；而连接件如弹簧、软管、电缆等需要比较复杂的装配动作，在产品使用中也会出现老化或者脱离位置等质量问题，所以在设计时应尽量考虑取消或者减少这两类零件，如图 1-10 所示就是一个典型的例子。

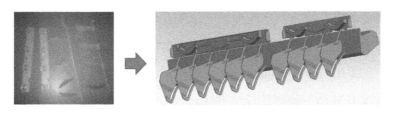

图 1-9　空调室内机导风部分从分散的叶片设计变为一体化的百叶结构

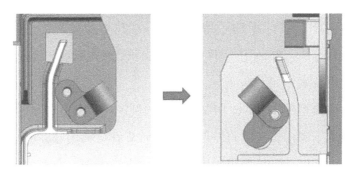

图 1-10　电线固定夹从 2 个螺钉固定简化为一个螺钉固定

4）在电路板设计中，单独的导线总是会造成装配困难以及成本增加，现在很多设计都趋向减少线缆类软连接而改为将不同的电路板靠近，然后通过硬的接插件完成连接，如图 1-11 所示。

图 1-11　取消多块电路板间的连接电缆，改为通过接插件硬连接

1.7　DFMA 方法与创新的关系

DFMA 方法降低产品成本的理念是在不影响产品核心功能的前提下，

减少不必要的成本投入。比较理想的结果是，产品的总成本下降了，但是客户关注的性能还提升了。要做到这一点，沿用传统的设计方案肯定是不行的，一定要用与以往不同的方式。用不同的方式设计就是一种创新，所以 DFMA 本身就是一种创新设计方法。

但是，关于产品设计，还有其他创新方法可以利用。比如发明问题解决理论（TRIZ），就是很好的方法，可以与 DFMA 结合使用，提高产品设计的创新力。TRIZ 善于识别产品设计中一些技术冲突问题，然后对问题根本原因进行分析，并运用 TRIZ 中特有的问题解决原理，突破技术难关，使得产品取得技术领先。

介绍一个典型的 TRIZ 与 DFMA 结合的例子：某家电产品的塑料外壳，在降本的要求下考虑设计时将壁厚减小从而节省材料用量，但是直接减薄会影响外壳的强度。如果要求强度不下降，这就成为一个需要克服的技术矛盾。运用 TRIZ 对技术矛盾的分析方法，得出在减少物质的量的同时不损失强度的情况下，可选择的问题解决原理有：利用曲面化，以及改变物理或化学参数（参见 TRIZ 矛盾矩阵）。这样，就知道可以考虑将曲面因素加到外壳设计中，比如侧壁增加弧形特征等来增加强度。

随着技术的进步，很多新型复合材料的使用也为通过材料替换降本提供了更多的选择。而一些新的工艺方法比如 3D 打印，也为产品设计增加了更多实现方式的选择。在对一些新型结构进行设计探索时，3D 打印也可以作为早期验证的方法。

产品创新设计方向及示例如图 1-12 所示。

DFMA 的零件最少化原则提出了一个理想产品的设计方向，即只由最少零件构成的产品是最理想的。这样，零件之间的连接和紧固方式就会出现非常大的不同。比如，在理想产品中，不会使用螺钉螺母这样的紧固件，那么就要有不同的设计来完成零件之间的紧固。比如对于卡接的设计，改成使用特种胶水。宝马公司在 2014 年推出的 i3 纯电动车，其全碳

图 1-12　产品创新设计方向及示例

纤维车身与铝合金底盘之间的紧固就没有使用一颗螺钉，而是通过胶水粘接实现的。

以上示例说明，DFMA 可以与其他创新方法结合使用，也能够充分利用技术进步带来的机会，从而实现技术创新的更高价值。

第2章 企业产品成本战略及相应组织架构

2.1 产品成本管理的准备期——企业围绕产品成本战略开展工作

1. 企业应从四个层面完成成本战略任务

对于一家企业来说,其战略一定是围绕长期盈利制定的,要做到长期盈利,需要完成好两方面的战略,一是通过市场销售的增长实现更多的收入,二是通过控制成本保持足够的利润空间。显而易见,管理好产品的相关成本是至关重要的。成本战略要贯穿企业经营的各个时期以及各个环节。对于制造型企业来说,与产品开发设计相关的成本是成本管理最核心的部分。对于产品开发设计来说,设计出在性能上引领市场,同时具备成本优势的产品,是所有产品开发者追求的目标,可以把这个目标简称为保持价值优势。

如图 2-1 中的企业产品成本战略架构所示,在保持价值优势的目标指引下,企业应该从四个层面完成成本战略任务。

(1)层面一:战略制定

对于任何产品制造商来说,目标市场定位一定是产品战略的核心,合

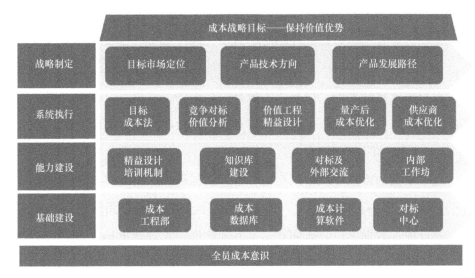

图 2-1　企业产品成本战略架构

适的定位需要对企业自身能力的准确评估，对市场的充分了解，以及对未来
发展趋势的精准把握。在定好位的前提下，还要定好产品所需的技术方向，
以及产品发展路径。所制定的战略应至少是 3 年甚至 5 年以上的规划。

（2）层面二：系统执行

系统执行是实现产品成本优化的核心，包括五个重要阶段：在开发初
始阶段使用目标成本法合理制定产品的目标成本；通过竞争对标以及价值
分析确定产品的成本定位，主要是各个功能模块合理的成本投入；在概念
设计和详细设计阶段运用精益设计，以及价值工程方法确保设计的产品成
本达到目标成本，甚至更优；在量产后持续优化成本，包括在设计和工艺
上识别更多的改善机会，以及运用精益生产等方法在生产环节降本增效；
采购端在核算供应商成本的基础上，优化采购价格，实现商务降本。

（3）层面三：能力建设

这个层面主要是关于相关人才的培养。成本管理相关人才可以是来自
研发、工艺、采购、成本等部门的人员，他们都需要参加深入的管理产品

成本的相关培训，因此要有相应的培训机制，主要是学习 DFMA 方法，以及成本核算、管理等方法。在不断学习中，还应该逐步建立成本管理知识库。为了开阔产品开发人员的眼界，持续性地开展产品对标以及与外界进行交流也是非常必要的。提升能力最有说服力的方式就是在实际产品上的实践并取得收益，因此，可以不断在企业内部做产品成本优化工作坊。

（4）层面四：基础建设

这个层面的重点是从组织架构、基础设施等方面打好推行产品成本工作的基础，主要有四项任务：建立成本工程部，用专业团队管理产品成本；建设成本数据库，只有拥有了丰富的数据，才能更准确地核算各级产品成本，优化成本才有坚实的依据；引进或者开发成本计算软件，让成本计算更加准确高效；建立企业自己的对标中心，不断通过对标竞品甚至是跨行业产品，增强对各种设计方式的理解，快速识别差距，积累高价值的数据，为优化产品设计提供持续的支持。

2. 企业产品成本战略的重要性

在传统的制造业行业如汽车、家电等，市场竞争异常激烈，尤其在中低端市场上，经常上演价格战。在这样的市场要想保持竞争力，企业就要不断降低自身产品的成本。降本需要围绕企业产品成本战略开展，是每家企业都要坚持的长期战略。

3. 制定企业产品成本战略的过程

制定产品战略，首先要对市场进行判断，要有对市场趋势的清晰判断，需要对市场信息进行收集和分析。而要在产品战略中结合成本管理，就要在市场信息中重点关注客户对产品价格的敏感度，以及竞争对手的产品成本状况。

在收集市场信息时，某类产品在过去几年的价格走势，不同销量产品之间的价格差异，都是比较重要的。更深入的一种分析方法，就是对标竞品的成本。这就要求企业的研发人员直接分析典型竞品，了解这些产品的结构、工艺以及成本。DFMA 方法可以帮助研发人员做好这些分析。如果可以分析过去一段时间竞品的系列产品，甚至可能分析出竞品在成本上的发展趋势，为自己产品未来的成本定位做出更清晰的判断。

在市场调查和竞品分析之后，根据产品成本发展趋势预测，定位好自身产品在目标市场上的价格区间，进而推断出自己产品的成本区间，以及未来几年成本的变化趋势，这样产品成本战略就基本形成了。

2.2 在产品成本战略下的组织架构调整——成本工程部的意义

要把一个战略贯彻下去，就要有相应的组织架构建设。要执行好产品成本战略，企业内部需要有一个专门的组织机构来负责执行。在很多企业中都有这样的一个部门称为成本工程部。根据不同企业的战略要求不同，成本工程部可能会在不同的大部门下面。有的企业将成本工程部设立在研究院下，属于研发组织的一部分，而另外一些企业则把成本工程部设立在采购部下面。可以看出，前者将成本管理的重点放在研发阶段，而后者将成本管理的重点放在采购阶段。正如本书前文指出的成本管理误区，企业单纯靠采购降本，其效果是非常有限的，而且经常会伴随着库存压力或质量风险等问题，而从研发端降本，则是事半功倍的做法，因此将成本工程部设在研发组织架构内更加合理。

图 2-2 所示为成本工程部的典型职能，隶属于企业研究院的成本工程部主要承担以下三方面的工作。

1）与产品设计部门密切合作，评估设计部门提交的产品设计方案中产品的成本，并提出成本优化的建议。在这部分工作中，成本工程部与设计部门一起，从专业的角度不断在设计阶段优化产品的成本。

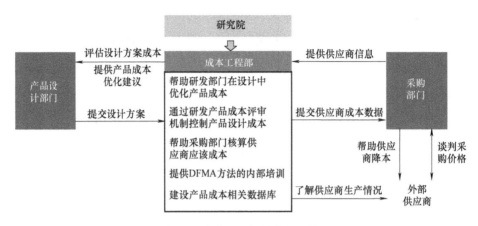

图 2-2　成本工程部的典型职能

2）在企业内部不断健全产品成本管理体系，并负责推广 DFMA 等成本优化方法。成本管理体系包括产品开发过程中的成本管控制度及流程、成本数据库的建设、成本对标流程的管理，以及供应商成本管理方法的建立等。

3）与采购部门密切合作，运用自己的专业能力，核算供应商的产品成本，帮助采购部门在商务谈判中取得优势。同时，不断与采购部门一起了解供应商实际情况，一方面根据实际情况调整供应商产品成本数据计算，使其更加准确；另一方面可以发现供应商生产过程中的问题，帮助供应商通过优化生产工艺来降低成本。

有了成本工程部这样的部门，企业整个产品开发过程中与成本管控相关的关键环节都可以得到较好的管控。

可以通过成本工程部资深工程师的一天来具体了解该部门的工作内容：

早晨 8：30　每日例会，回顾昨天收到几个设计部门的降本提案，以及一家新供应商的产品生产成本评估。分配今天的任务，今天下午主要与一新产品开发项目团队讨论一个子系统成本设计优化的问题。

9：00—10：00　核算一家供应商提供的几种机加工零件的制造成本，并与采购部沟通结果。

10：00—12：00　到研发部培训室提供设计降本基本理念培训。

13：00—14：00　整理上一周两个子系统降本设计案例。

14：00—16：00　代表本部门与新产品开发项目团队一起探讨一个子系统成本设计优化问题。原来的设计以金属结构件为主，讨论过程考虑两个方向：结合之前对标竞品的经验，考虑局部几个零件合并，调整装配结构；对两个较大的铸造及机加工零件，考虑采用粉末冶金方式，节省机加工成本投入。

16：00—17：00　部门内部学习时间。今天由3位同事分享最近一段时间学习制造工艺知识的心得。今天分享了铸造、新型包覆工艺以及金属挤出工艺的关键知识点，也分享了估算这几种工艺成本的计算模型。

17：10　采购部来电话，确认明天一起去一家铸件供应商做现场评估。

可以看到一个成本工程部工程师的工作是非常忙碌的，而且从技能要求上看也是比较高的。成本工程师需要懂一定的产品设计，懂成本核算方法，懂制造工艺，还要善于沟通、勤于沟通。成本工程部的职责是非常重要的，是产品成本管控的核心部门。对于企业来说，由于产品成本问题与多个部门都有关系，有一个核心且专职的成本部门来真正地把产品成本管控起来，是实现成本战略最重要的基石。

2.3　产品成本战略下的体系建设重点环节

明确产品成本战略后，要着手制定必要的发展规划推进体系工作。建立成本工程部是至关重要的第一步，然后要围绕前述的完成成本战略任务的四个层面，从以下七个关键环节重点考虑建设和完善产品成本体系。

1. 战略制定层面——持续、系统化的市场趋势分析

在竞争激烈的市场上，不断收集市场信息，分析并把握市场趋势是企业赢得市场的关键。当企业把保持产品成本领先确定为核心战略时，市场趋势分析就一定要深入分析产品的市场价格及其背后成本的变化趋势。例如，我国的汽车市场，在刚起步的 20 世纪 80、90 年代，进口车在普通人心目中的印象就是高质量但是高价格，而国产车则是低价格低质量。随着我国汽车市场迅速变为全球第一大汽车市场，外资品牌也大多与国内厂家合作成立合资公司并推出国产化车型，汽车的价格尤其是外资品牌的价格在逐年下降，某些车型的价格甚至已经接近了国产车的价格。但是在消费者心目中，外资品牌车的质量形象仍然高于国产品牌车，这就无形中给国产品牌带来了巨大的压力，以往的价格优势逐渐弱化甚至消失，而且这种趋势还在不断地加快。国产品牌要把握这个趋势保证销量，就需要尽快布局在成本管控方面的工作，增强成本优势。

2. 系统执行层面——目标成本法

目标成本是在产品开发初期制定的产品需要达成的成本目标，如何达成目标成本是管理产品成本的关键，本书统称制定成本目标和管控达成目标的方法为目标成本法。首先，要用科学的方法制定目标成本，这往往需要多个部门的协同配合，包括市场、销售、研发、生产、采购等部门，还要参考竞争对手的情况、客户的实际需求，以及考虑从研发到采购各方面的实际能力。在目标定好后，如何从研发到生产，再到采购来逐步达成这个目标，还需要一个运转良好的流程。由于这个流程的管理涉及多个部门，所以如果能有一位管理者或者专门的部门来管理会比较理想。

3. 系统执行层面——DFMA 方法与价值工程

如何将产品的成本控制在较低的水平，同时又能保证质量，是一个很有挑战性的课题。运用 DFMA 方法，并结合价值工程，从设计阶段开始考虑降本，是最好的解决办法。要保证这样的方法能够有效执行，需要建立一个标准化的设计流程，包括在设计时考虑采用 DFMA 的设计原则，尽量减少零件的数量，并让每个零件的结构更便于制造和装配。还要包括一个严格的评审机制，在关键的设计节点安排专家从性能和成本两方面进行评估，保证把握住每一个优化的机会。在整个流程中，以数据为依据是关键。这里的数据包括分析出来的产品装配时间以及产品的制造成本。

4. 系统执行层面——精益生产体系

精益生产对于我国很多企业来说已经不陌生了，但是真正把精益生产做到位的企业还不是很多。精益生产体系强调的是整个企业自上而下全员的、持续的投入，不断地发现及消除各个环节的浪费，并逐步形成一种公司文化。精益生产体系的建设离不开领导层的决心和一线员工的敬业爱岗精神。

5. 系统执行层面——供应商成本优化

供应商成本优化的基础是对供应商生产情况的了解，以及采用和供应商双赢的原则。对供应商生产情况充分调查了解之后，通过建立工艺成本模型，对供应商制造的产品进行成本评估，及时发现供应商成本不合理的地方，敦促供应商改正；或者发现供应商生产过程中的缺陷，尤其是影响成本的缺陷，帮助供应商通过改善实现降本。这样，在实现降本的同时，也有利于与供应商建立长期健康的合作关系。这部分的工作，需要成本工程部这样的部门与采购部门的密切合作。成本工程部对于产品相关技术的把握要比采购部门更专业，进而对成本的估算也更准确。

6. 能力建设层面——对标及数据分析

对标就是分析学习竞争对手的产品，甚至可以跨行业对标先进的设计方法及技术。围绕成本的对标是分析竞品的成本，收集相关的成本数据，了解行业产品的平均成本水平和典型的成本架构，取长补短，掌握产品不同功能模块的降本机会。对标的关键在于有中长期的规划，有对数据的管理流程，保证数据的连续性和可追溯性，这样才能够持续地为研发提供帮助。本书在后面章节会详细讨论对标的具体做法。

7. 基础建设层面——成本数据库建设

成本数据库包括计算产品成本所必需的基础数据库，如工艺参数、材料、设备等数据，还包括基于产品结构的成本数据，如从系统到子系统，再到零件的成本数据。在条件允许的情况下，还可以有基于产品平台的数据库。在同一个产品平台上的产品有很多共用的零部件，有了平台数据库，任何在该平台上新开发的产品，都可以直接在平台数据的基础上，只需计算新增加或修改的零件成本即可，这样可以节省对未来成本估算的时间。

做好上述几个方面的工作，并能持之以恒地坚持做下去，企业就一定可以取得产品成本上的优势，进而提高企业的核心竞争力。

2.4 世界级企业的产品成本战略及产品成本管理组织架构

在世界范围内的制造型企业中，那些在本行业领先的企业往往都是在产品成本上做得好的企业，而做得好的企业都会有专门针对成本管控的组织机构上的安排，也大都会采用系统化的方法来科学管理成本。

图2-3所示为某国际车企的成本工程管理组织架构，可以看到，该公司把成本工程部放在和生产、采购同一个级别上，形成了一整套体系，并与产品开发战略紧密相关。其成本管理的方向既包括供应商成本管理，也包括产品开发。而且，成本工程部是产品开发的核心部门之一。这就要求成本工程师既要有技术能力，也要有商务能力，是高度综合性的人才。

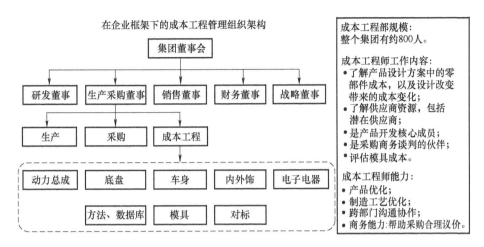

图 2-3　某国际车企的成本工程管理组织架构

某国际家电企业 H 公司在 20 世纪 90 年代就把 DFMA 方法融入了产品开发战略中。一直到今天，H 公司的产品开发流程都强调设定和实现目标成本的重要性。

1）在技术层面，通过建立各级成本模型，结合 DFMA 方法以及价值分析和价值工程，不断在开发阶段优化成本。

2）在商务层面，结合技术部门提供的成本评估数据，寻找技术成熟度较高且价格合理的供应商。

3）在管理层面，强调成本数据的全流程透明度，以及制度化的成本报告和审核，将成本管控的理念贯穿开发过程的所有层面。

如图 2-4 所示为 H 公司成本管控协同图，说明了 H 公司在管控产品开发成本过程中，事业部的市场企划层面、设计部门的技术层面，以及供应链管理 SCM 的商务层面如何相互协同。总体上来说，市场企划部门制定价格目标，设计部门围绕成本目标进行设计，从技术层面制定应该成本，并传递给供应链管理部门，供应链管理部门经过市场评估将成本有效性反馈给设计部门，设计部门进行进一步的成本设计优化，如此循环往复，直到成本设计后的成本达到目标为止。

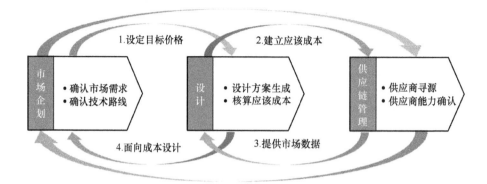

图 2-4 某国际家电企业 H 公司成本管控协同图

Chapter 3

第3章 降本设计在企业中的实施及推进

3.1 降本设计的整体推进路径

在企业推行降本设计时，需要在整体产品成本战略的指导下，自上而下、循序渐进地推行。同时，每家企业要根据自身的实际情况，采取相应的切入点和路线图。

图 3-1 所示为企业降本设计整体推进的一般路径。按这个路径推行降本设计的前提是企业的产品成本战略。

在推行的开始要有长中短期设计降本的目标，而且要有一个专门的组织机构来负责，如推进办或者成本工程部。要自上而下地推行，企业的中高层领导需要有足够的意识，要加强这种意识，就要有相应的培训。图 3-1 中的进行倡导者培训就是面向中高层领导的关于设计降本理念的培训。

人才的培养是要优先进行的，有了掌握降本设计理念和方法的员工，才有人按正确的方式去执行降本设计相关的各项任务。图 3-1 中的助力员、执行师和推进师是指从初级到中级的掌握降本设计相关技能的技术人员，工作坊是理论结合实际的一种培训方式。通常在培训了基本理论和方法

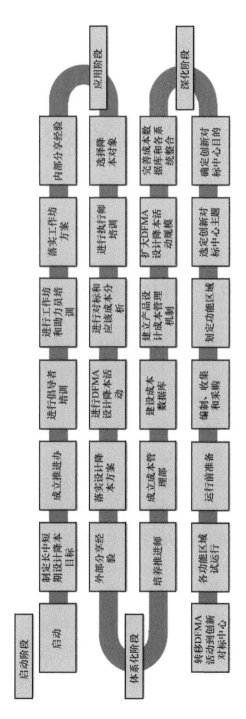

图 3-1　企业降本设计整体推进的一般路径

后，学员将针对自己公司的实际产品运用所学方法进行分析，并提出改善建议。只有将所学方法与实际相结合进行实践，才能尽快掌握降本设计相关技能。

图 3-2 所示为某汽车主机厂历时四年多的 DFMA 推进工作规划示例。从图中可以看到，企业推进 DFMA 是一个系统性的循序渐进的过程。万事开头难，在整个规划中，第一年的工作非常关键，因为它决定了整个推进的基调，并需要为后续工作带来持续的信心。产品成本工作直接关系到企业的战略，也会影响到各级部门，因此这样的系统性推进工作一定是自上而下推行的。开始时，企业内部的相关领导，应作为推行这个工作的"倡导者"，他们的意识转变是重要前提。所以一开始对这些领导做培训是非常必要的。

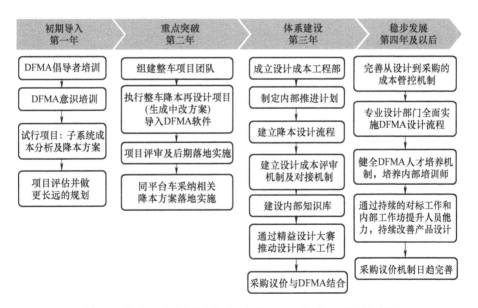

图 3-2　某汽车主机厂历时四年多的 DFMA 推进工作规划示例

企业的产品成本管控工作是一项需要多部门协同的工作，企业的研发部门、市场部门、生产运营部门、采购部门、售后服务部门等与产品成本管控紧密相关的部门，都应该有领导者参与到倡导者培训中，并相互协调、制定计划，共同领导后续工作的推进。

在领导者理解了 DFMA 工作的重要性后，还需要执行层面员工的意识转变，相关的培训也要跟上。同时，任何方法光有宣传肯定不够，在实际工作中取得实效才是最有说服力的。企业当从上到下都有了运用 DFMA 方法管控产品成本的意识后，选出一个产品项目试行是关键。因为开始时，多数员工对 DFMA 方法还不是特别熟悉，所以这时选出的产品应该不要过于复杂，或者是复杂产品的一个模块或子系统。试行的重点是通过对自己产品的直接分析和设计优化，熟悉 DFMA 方法的基本流程，通过在简单产品（或子系统）上的改善，得到降本收益，从而为继续推进 DFMA 带来足够的信心。

例如，该汽车主机厂在完成倡导者和执行层面意识培训之后，选出了汽车的座椅作为试水项目。在外部咨询公司的指导下，在近一个月的时间内，分析了座椅的装配流程和制造成本，并提出了降本设计方案。在评估计算了新的设计方案后，得出降本幅度可达 20% 左右，这大大增强了公司对 DFMA 方法的信心。随后，各主要部门领导者经过协商，制定出了后续计划。

后续推进就需要有重点项目的执行了，这时候培养一个核心团队很重要，这个团队需要能够协同各个部门，运用所掌握的 DFMA 方法持续做好产品降本相关的工作，实现企业内部的产品设计降本体系推进。

在该汽车主机厂的例子中，第二年的重点工作就是组建一个团队，并选出一个整车项目来执行。整车的改善设计就比较复杂了，需要各个专业部门的参与。这个项目团队成员来自研发部门的各个专业系统部门，也包含工艺、成本、采购等部门的成员。

该汽车主机厂选出的整车产品是公司有代表性的一款车，由于成本偏高，利润较低，公司希望能够切实地把成本降下来，提高市场收益。关键是该款车刚好到了中期改款的时候，已经有了改善设计的预算，而且也已经收集了该款车现有的一些问题。该项目与实际产品改善设计的需求直接相关，符合公司的年度战略计划。各部门的领导积极配合，并由研究院牵头，采用封闭式管理，完成了设计改善方案，该项目的具体执行流程如图 3-3 所示。

组建的团队在外部咨询专家的指导下，用了 4 个月的时间，完成了对整车的拆解、装配流程分析、成本分析以及新的改善设计方案。最后的成果是估算的设计降本可以达到整车成本的 3% 以上，而且，新方案中的很多改善点都可以推广到同平台的其他车型上，取得后续更多的降本收益。经过评估，公司的领导高度认可这个项目，后面的系统化推进也就有了更大的动力。

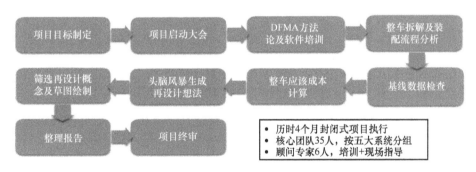

图 3-3　某汽车主机厂整车设计降本项目具体执行流程

在取得了重大项目突破后，企业领导者需要考虑的是如何搭建一个合适的体系来保证长期持续的产品设计降本工作。体系中重要的一个环节是有一个专门部门负责整体的推进事项。如前文所述，可以成立成本工程部。有了这个部门，相应的各项推进工作就可以顺利部署下去了。

在该汽车主机厂的案例中，在完成了整车改善项目后不到半年的时间内，就成立了成本工程部，而这个部门的成员全部来自于那个整车改善项目组。这是一个非常明智的决定，因为这些成员经过了那个项目的锻炼，对 DFMA 方法论已经掌握得比较熟练，可以在今后工作中独立运用。而且在项目执行过程中，成员之间形成了一种合作上的默契；加上项目的执行和后续落实中已经经历了与多个不同部门之间的协调。这些都成为成本工程部能够成功运作的良好基础。

事实也证明，由于成本工程部的成立，很多与产品设计降本体系相关的工作得以很快开展起来，如与研发部门共同建立了设计方案成本评审机制，以及建立了与各研发专业的对接机制。不论是新产品开发过程中的成本优化，还是现有产品在成本方面的持续改善，都有了明确的执行标准和流程。同时内部的培训以及数据体系的建立，也都有条不紊地顺利开展了。

另外一个重要的降本方向是通过采购议价降本，在成本工程部的协助下，对供应商提供的产品的成本有了核算的能力，从而大大提高了采购部门的议价能力。

总之，推进产品设计降本体系不是一蹴而就的事情，一定有一个循序渐进的过程。关键点包括：领导者的意识转变和变革的决心、选择一个"对的"产品进行突破、培养一个核心团队、用一次成功带动更多的成功。

3.2　初步突破：基础培训+工作坊

如前文所述，建立产品设计降本体系开始于意识上的转变，从相关部门的主管领导者，到直接参与产品研发的不同部门的员工，都要在开始阶段接受基础培训。

针对各部门主管领导者的倡导者培训，主要目的是让各领导者从战略高度理解产品成本管理的重要性，了解 DFMA 是设计降本的有效方法，学习成功企业的经验，建立自己公司的推进路径和推进组织，并承诺负责相关项目的执行。

如图 3-4 所示的 DFMA 工作坊是一种常用的理论结合实际的培训方式，一般在课堂上讲解了相关理论和方法后，会利用实操的机会让学员尽快掌握如何在实际工作中运用。

图 3-4　DFMA 工作坊（结构简化部分讲解）

DFMA 工作坊在讲解了 DFMA 理念和方法后，让学员针对事先准备的产品样品进行分析，并通过思考提出改善设计方案，然后进行效果评估。

相对于简单的意识培训，工作坊需要做更多的准备，主要有两个方面：人员和产品的准备。工作坊现场实物拆解分析如图 3-5 所示。

DFMA 方法强调与产品开发相关的各个职能部门的合作，所以参与工作坊培训的学员也应该从各个不同的部门选出，如研发设计、生产工艺、采购、市场、成本管理等部门，详见表 3-1。

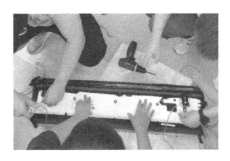

图 3-5　工作坊现场实物拆解分析

表 3-1　参与工作坊的部门及要求

部　门	要　求	优　先　级
研发部（设计工程部）	熟悉产品和研发流程	高
生产工艺部	熟悉产品制造和装配工艺流程	高
采购部	熟悉采购流程，熟悉配套零部件供应商能力	中
市场部	熟悉市场上客户的要求，了解竞争对手情况	中
成本管理（工程）部	熟悉产品成本架构，掌握成本数据	高
售后服务部	熟悉以往产品在市场上的表现，以及可能存在的产品问题	中

在工作坊中要用到实际的产品进行分析改善，应选择一个合适的产品，合适产品的标准可参见表 3-2。一般在开始导入的时候，可以用三天左右的工作坊覆盖整个 DFMA 的解决问题流程，以及对一个产品或模块的完整分析及改善方案的提出。

表 3-2　DFMA 工作坊分析用的产品选择

考虑因素	具体标准
市场表现	市场主打产品但是缺乏价格优势
代表性	代表公司的主流产品或者未来方向
产品复杂度	有合适的零件数（考虑到工作坊 3 天的时间），零件总数为 50 个左右，种类为 20 种以上
成本可控性	对大部分零件的设计和生产方式都有改动的权限
产量	产量大的比产量小的更好些

针对参与研发的技术人员的意识培训，重点在于了解 DFMA 方法和执行相应项目的流程，做好针对实际产品做改善的意识上的准备，如图 3-6 所示，DFMA 工作坊流程与前文所述的 DFMA 产品分析和优化流程是一致的。

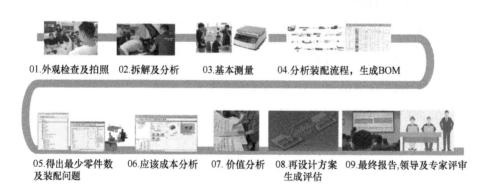

01.外观检查及拍照　02.拆解及分析　03.基本测量　04.分析装配流程，生成BOM

05.得出最少零件数及装配问题　06.应该成本分析　07.价值分析　08.再设计方案生成评估　09.最终报告,领导及专家评审

图 3-6　DFMA 工作坊流程

工作坊是目前较为有效的工作方式之一，我们曾经对 170 个 DFMA 工作坊案例进行过跟踪，其效果如图 3-7 所示。降低成本、简化设计、提升效率是工作坊效果的三方面主要体现。典型效果有：73% 的工作坊案例显示，装配工具费用得以降低；零件减少、紧固件减少、装配时间减少的比

例也超过了 50%。

DFMA® 效果说明
　来自于170个DFMA®案例统计排在前10位的成效，其中降低成本、简化设计、提升效率的效果占大多数

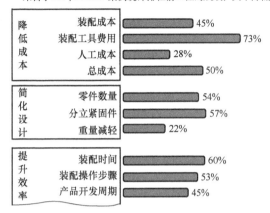

图 3-7　DFMA 工作坊效果说明

工作坊是很多企业愿意优先考虑的培训形式。图 3-8 是某发动机制造企业做 DFMA 工作坊的展示。

该企业发动机曲轴箱呼吸器超过40年没有做过设计改变。在工作坊中，学员在学习了DFMA方法之后，分小组对呼吸器提出新的设计方案并做了成本收益评估。

原设计：　　　　新设计：
零件数量：25个　零件数量：7个
装配时间：239秒　装配时间：71秒

图 3-8　某发动机制造企业做 DFMA 工作坊的展示

3.3　产品成本对标的重要性

　　产品成本对标对于产品通过设计优化降本有非常重要的作用。对标的目的是学习别的产品，为自身产品开发带来启发，并通过学习转化在自己

产品上创造出更高的价值。一般对标活动主要由研发部门负责竞争分析的人员执行，或者由成本工程部负责。在企业产品成本战略指导下，选定对标的产品，通常是具备某些优势的竞争对手的产品。然后去全方位分析产品的性能、质量、成本、制造工时、材料、工艺、技术、盈利能力、采购策略等各个方面，积累足够的数据，再通过学习转化，确立自己产品改善设计的方向和标准，从而提升自己产品的竞争力，帮助企业完成产品成本战略目标。

图 3-9 所示为国外一家技术公司为客户做的汽车电子转向助力系统 EPS 对标分析情况，一共对比了包括客户自己产品在内的五家公司的 EPS 产品，包括 5 个产品的零件数量对比、重量对比以及成本对比。经过这样的分析对比，可以明显看出，客户自己产品与其他四款产品在几个方面的差异。其中客户产品的成本是最高的，这就需要后续更深入地分析，找出

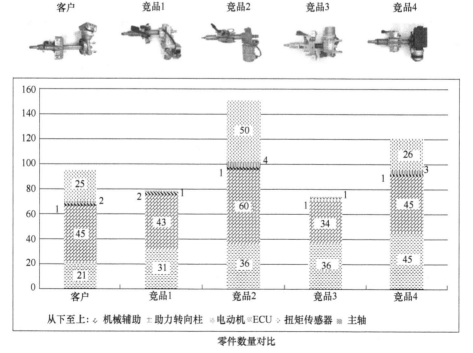

图 3-9　汽车电子转向助力系统 EPS 对标分析情况（图中 ECU 为电子控制单元）

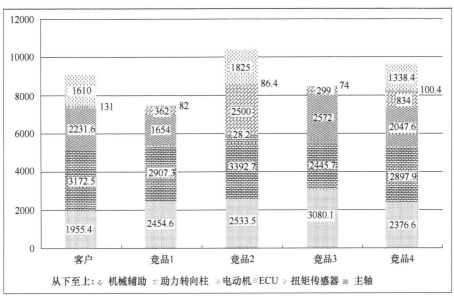

重量对比

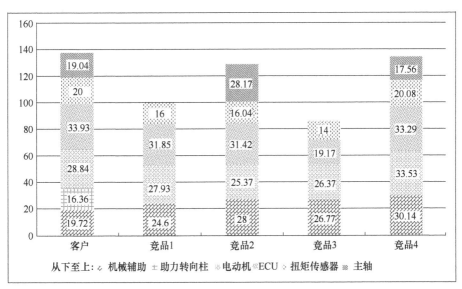

成本对比

图 3-9　汽车电子转向助力系统 EPS 对标分析情况

（图中 ECU 为电子控制单元）（续）

原因，然后改进设计，实现降本。

对标一定要与企业战略紧密相关，一旦确立了市场定位，就很有必要分析一下在目标市场中的竞品现在处于什么水平，自己产品与竞品的差异在哪里。经过对标企业可以做出更清晰的判断，包括自身产品上哪些方面的设计是一定要占绝对优势的，哪些设计需要居于市场前三名，又有哪些设计保持在行业平均水平即可。

重点是要从客户需求和成本两个层面综合考虑来得出结论。做产品设计一定要进行合理取舍，不是要做到在所有方面都是行业领先，因为那样会导致产品成本上升到一个无法承受的水平，也会在很大程度上延长开发周期，这两点都是企业不愿意看到的。

总体上说，对标在从市场战略到产品战略，再到具体的产品开发及体系建设都可以发挥重要的作用。

图 3-10 所示为产品对标活动的三个阶段重要工作。

第一个阶段是在市场战略到产品战略的确立过程中，做市场产品对标。这个阶段对标的目的是为未来的产品明确定位。此时可以选取主要的竞品，测量和对比市场客户关注的各项产品指标，识别自己当前产品与竞品的差距，结合竞品分析数据，定出未来新产品的指标布局。在成本约束的前提下，无法让所有的指标都做到极致，正确的做法是把客户认为重要的、且企业自己有能力做好的指标做到行业最好，再定一部分指标为行业前列，剩余的指标就只需要做到行业平均水平即可。不同的指标定位，产品在其上的成本投入也不同。这也是价值工程的理念，即重要的指标需要投入足够的成本保证性能和质量，不重要的指标就用较低的成本来完成，只保证正常的功能。

第二个阶段是在产品开发时，进行先进对标，即通过对标最优的竞品，从指标上保证自己新品至少不低于竞品，通过价值工程加 DFMA 方法优化产品成本，在控制住成本的基础上再通过引进技术和发挥自身既有的技术优势，设计出真正优秀的产品。在这个阶段，对标既可以让企业有机

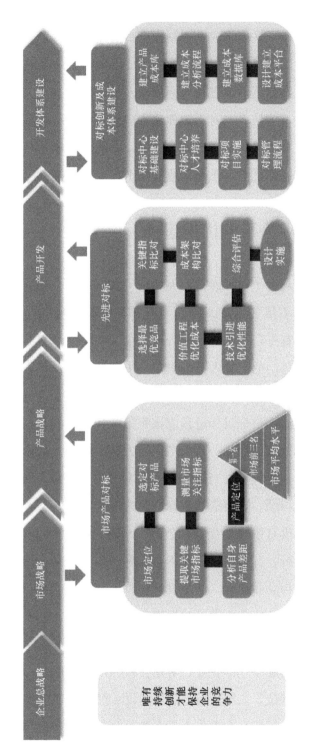

图 3-10　产品对标活动的三个阶段重要工作

会学习竞品的优点，又能将成本控制在合理的水平，这两点就使得新产品要实现最重要的两个目标——性能领先、成本最优，有了良好的保证。

第三个阶段是持续性地进行对标创新及成本体系建设工作，包括对标中心基础建设、人才培养、对标管理流程建设、成本分析流程建设、数据库建设等工作。有了这些工作的持续开展，就能够不断地帮助企业在产品开发过程中保持成本优势，系统化地开发出真正有竞争力的产品。

3.4　从对标分析到优化设计

有些企业的对标工作开展得如火如荼、卓有成效，也有的企业虽然也做对标，效果却不尽如人意，原因为何？有些企业虽然有自己的对标场地，但是从来没有专门的人经营和管理，很多情况是觉得某个产品的某个设计很好，相关部门的研发人员会集中突击研究一下那个设计，回去照猫画虎地设计一个类似的样子。但是对竞品整体设计的大逻辑是什么，还有哪些亮点值得关注，整个对标过程应该积累下什么样的数据，怎么持续利用这些数据，就缺乏关注了。这大多是因为这种突击式对标并不是从产品的整体去分析的，而只是对当时需要的研发模块感兴趣，而且，也没有系统化积累数据的习惯，这会造成对标资源的浪费。

总之，如果没有系统的规划和管理，对标就只会以零打碎敲的方式，凭一时的兴趣进行，其效果一般都不会太好，也很难持久地做下去。即使某些地方实现了与竞品比肩，产品设计在整体性上也会有欠缺。而且，简单粗暴地模仿竞品，一来会带来知识产权侵权的风险，二来也会因为没有系统性地理解竞品的设计方式而只是一味模仿，丧失了超越竞品的机会。

那些认真做对标工作的企业，对标会被当成支持研发的一项关键工作进行，不仅硬件到位，人员配备、制度建设、经营管理也搞得有声有色。

这些企业的对标中心的工作人员多数是从研发各个部门抽调的业务精

英，他们对产品非常了解，有能力深入地分析对标数据并做出专业的判断。企业在对标基础设施建设以及竞品收集方面也舍得花钱，这样有了硬件的投入，加上强有力的数据分析软件，对标工作就有了坚实的基础，可以做出更有价值的工作。

美国某汽车公司是这样一个典型。这家公司在密歇根有一处非常大的对标中心，可对 35 台汽车同时进行拆解分析。事实上他们也没有浪费这一空间，对标中心总是被排的满满当当，已被拆解的汽车都按照各种子系统以及对应的品牌排列，安放在定制的货架上。

货架上横排摆放的是某一类汽车子系统，如座椅、保险杠、发动机、脚踏板等，排列得整整齐齐。如果你是汽车座椅设计师，你可以沿着摆放座椅的横排，从这头走到那头，在这个过程中仔细地辨别各种竞品设计的优劣，在观察实物的同时参考拆解分析得出的各种数据，在短时间内得到丰富的提示，对自己产品的设计灵感往往在此时产生。

另外，从纵向看，他们是按照同一品牌进行排列的，也就是说，你按照纵向的顺序从头走到尾，可以知道某款车设计各个方面的细节，就有了对整车的总体理解。如果你是某款新车的项目经理，就可以通过从全局把握竞品的特点，对照自己车的设计找出取长补短、融合各方所长的机会。

这样在一横一纵之间，对标的价值能充分体现出来，这样的对标中心是技术和管理的高水平结合。这个对标中心从建成伊始，就成了该公司研发人员的"天堂"，他们会经常光顾这里，在产品实物和数据查询中寻找研发灵感。这里更是产品概念开发的绝佳场地，来自不同职能部门的各个开发小组在产品设计早期，都会在这里进行定期的技术讨论。没有其他地方比这里的数据和产品实物更丰富，在这样的资源支持下，研发小组犹如有充足的营养不断地滋养，加上跨部门成员的思想碰撞，优秀的产品概念就呼之欲出了。

有一个关键的问题，对标是否意味着去抄袭？当前，坦白讲有些企业搞产品对标就是为了走捷径，你怎么设计我就怎么设计，你有哪些亮点我就紧随其后。这样做的结果往往是跟对手亦步亦趋，没有自己的个性，产品没有灵魂，只有拙劣的模仿。购买了这种产品的用户有时甚至会被亲戚朋友和半懂行的熟人嘲笑到"恨不得有个地缝钻进去"。

正确的对标绝不是为了抄袭，而是为了"知己知彼、百战不殆"，更加明确自己产品的定位，并采众家之长，科学转化，同时突出自身的特点。最成功的对标转化是经过对标后设计出的新产品超越所有曾经对标的竞品，成为行业最佳。

产品性能对标是很多企业都会采用的方式，但是，针对产品成本的对标就不那么普遍了。要从研发起就管控好产品的成本，成本对标具有非常重要的价值。系统化的成本对标可以帮助企业了解自身产品的成本在竞争中的位置，把握行业成本发展趋势，并帮助做好产品的价值分析。

本书前文提到的国际家电企业 H 公司，在集团层面设立了成本竞争力中心。他们以成本对标为核心工作，每年都会拆解分析超过 300 台家电产品。经过十多年持之以恒地工作，H 公司掌握了家电行业绝大多数品牌的产品成本变化趋势，对各种产品的各种模块的成本分布有了极其深入的了解。在此基础上，H 公司自己设计的家电产品总是能够保持相当高的成本优势，价值工程也因此做得十分出色。通过十多年的沉淀，形成产品数据库，并通过数据库的不断重复利用，做系列对标，进行复杂性分析，从而提升品牌竞争力。

在图 3-11 中，可以看到 H 公司与成本竞争力中心相关的组织架构。H 公司在全球范围建立了总体开发平台，成本竞争力中心隶属于平台上的全球企划部。成本竞争力中心的责任是管理全流程成本，并为全球各事业部提供成本相关的数据，支持从技术和商务两大方向持续优化产品的成本。这个部门的另一大任务是持续做竞品成本分析，了解全行业各品牌的产品成本现状以及发展趋势，并可通过竞品的成本分析得出竞争对手在不同市场上的产品策略这样的情报，为本公司产品的市场策略提供参考，帮助制定本公司产品策略，保持自身品牌的竞争力，确保自有产品是最优的价钱、最好的性能、最好的质量、最漂亮的外观等。因此，"成本竞争力"中心这个定位实至名归。

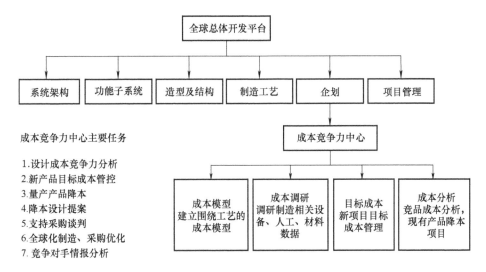

图 3-11　某国际家电企业 H 公司成本管理组织架构（成本竞争力中心）

成本竞争力中心是一个相对研发、生产和采购都独立的部门，能够在 H 公司内部保持中立的地位，提供客观的数据和建议，也比较适合协调各部门间的沟通，推进成本优化项目，同时也在不断行业对标和学习，例如与著名战略咨询公司定期合作，多维度提升本身的竞争力。

作为一个相对独立的部门，成本竞争力中心具体如何与各部门展开合作呢？从图 3-12 可以看到，它与产品研发、制造、计划、市场以及采购等部门都有不同的合作事项，满足各部门不同的数据需求，同时，也担当了各部门之间沟通协调的角色。

成本竞争力中心运用专业的成本分析和优化能力，以及在全流程范围对各个相关部门的支持，帮助实现企业利润最大化。图 3-13 所示为成本竞

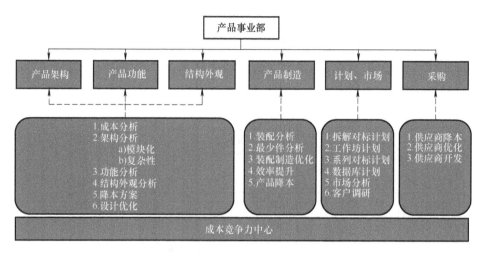

图 3-12　成本竞争力中心与其他部门关系

争力中心在产品开发各阶段制定计划时所能提供的支持。以生产计划为例，通过对标竞品可以发现本品的成本优化空间和装配改善点，最直接的效果就是通过改善本品设计达到超越竞品的结果。对采购部门的帮助也很直接，成本竞争力中心可以根据对标积累的材料、工艺等数据，准确核算供应商的实际成本，为采购议价赢得谈判优势。

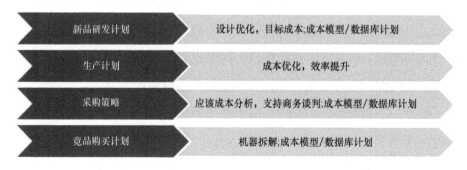

图 3-13　成本竞争力中心的具体工作

　　总之，做好产品对标对于产品的优化设计有非常重要的作用，可利用对标获得的数据和信息，帮助自己产品集成各方面的优点，成为引领市场的优秀产品。要想持续发挥产品对标对产品开发的作用，就需要有专门的部门负责，做出相对长远的对标规划，不断产生高价值的数据。

3.5 对标创新中心的作用及建设

对标对企业开发有竞争力的产品可以起到非常重要的作用，企业要想持续地把对标工作开展下去，应该考虑建设自己的对标创新中心，并且安排一个专职团队管理对标创新中心（以下简称为对标中心）。

对标中心可以有很多作用，重要的作用可以有如图 3-14 所示的六项。

 客户　竞争对手

01.对标分析
以行业内外的领先产品与技术为目标，择优转化应用，提高产品的性能。

02.数据分析
对标杆产品做基本测量以及工艺、材料、成本等方面的分析，获取有价值的数据。

03.逆向工程
通过对标杆产品的拆解分析，获取产品的基础数据及数模等设计数据，了解产品的设计方法，并选择性地转化到自己产品上。

04.创新设计
通过先进的方法论指导，与技术应用，改善与创造产品。

05.引进方法论
引进国内外先进方法论，在创新及产品设计方面提供系统化支持。

06.引进工具
引进先进软件和技术等工具，为企业内部其他部门提供服务。

图 3-14　对标中心六大作用

1）对标分析。这是对标中心的基础功能，通过竞品分析发现本品与竞品的差异，再通过设计去消除差异。甚至对标可以不局限在同行业，比如汽车企业想加强轻量化方面的能力，可以向自行车和飞机制造这两个行业取经，看看其他行业是如何在材料和结构方面实现轻量化设计的。

2）数据分析。这里所说的数据包括工艺、材料、性能、成本等各种通过拆解产品分析得到的数据。应强调对于任何要分析的产品去做彻底拆解，把竞品拆解到零部件级别，仔细研究产品的装配关系，辨别产品零部件所用的材料和制造工艺，获取基本尺寸、重量、工艺、材料信息，并计算应该成本。必要时还要做材料和性能的测试。这些第一手的数据可以帮助企业深入了解产品设计的各个方面，为本企业产品开发提供非常有价值的参考。

3）逆向工程。通常通过对标杆产品的拆解分析以及扫描等方法，获取竞品的基础数据及数模等设计数据，了解产品的设计方法和设计细节，学习产品设计上的优点，并选择性地转化到自己产品上。图 3-15 所示为汽车整车逆向工程的执行流程示例。

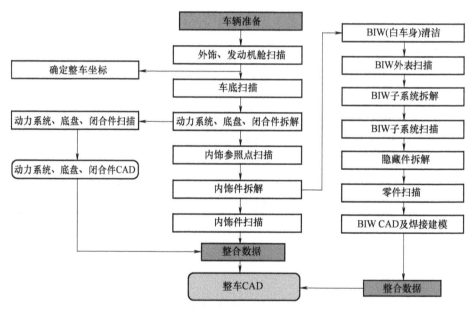

图 3-15　汽车整车逆向工程的执行流程示例

4）创新设计。对标中心可以成为一个跨职能团队开发新产品时集中讨论的主要场所。在这里，开发团队可以随时参考现场的各种产品样品实物，学习众家之长，将各种产品的优点集成到自己的新产品上。同时，这里也可以引入各种新技术和方法论，比如新材料或先进制造工艺的资料，为新产品的创新提供技术支持。总体来说，不同部门和背景的团队成员在一起进行思想的碰撞，加上随时可查看参考的实物例子以及数据，会极大地增加产品创新的机会。

5）引进方法论。上面已经讲到，对标中心是一块非常好的研发"试验田"，可以随时引入和尝试优秀的产品开发相关方法论，如 TRIZ 或六西格玛设计等。在这里，既可以举办相关方法论的培训或工作坊，也可以是研发团队运用方法论开发产品的场所，一旦方法论验证有效便可推而广之。

6）引进工具。一些好的工具，如软件工具、硬件测试工具等，都可以及早地进入对标中心，在这里作为试点验证其有效性。

对标中心建设分为两个方面：基础设施建设和人员体系建设。基础设施建设方面各个企业可能大同小异，要基本能保证拆解和存储两大功能。在对标中心筹备时，对标人员的培养和针对项目的行之有效的体系建设是重点工作。建立一个完整的对标中心需要五个阶段，如图 3-16 所示，对标中心的建设过程从第二阶段"人员培训、软件引进"到第四阶段"建设平台化数据库及运营管理体系"一般占建设过程工作量比重的 80%。

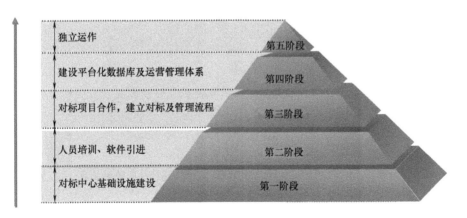

图 3-16　对标中心的建设过程

对标中心按照功能模块划分可以分为拆解区、数据分析区、技术转移区、产品展示区和存储区。其中数据分析区和技术转移区是最重要的部分，在实际应用中所占的区域也较大。对标中心要素如图 3-17 所示。

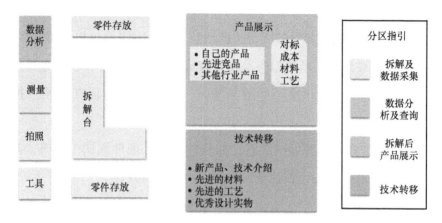

图 3-17　对标中心要素

在对标竞品时，基础的产品测量、结构搭建、应该成本推算等工作大多采用 DFMA 软件来完成，与成本、结构和再设计相关的操作均可以通过 DFMA 软件完成，如图 3-18、图 3-19 所示。

图 3-18　称重测尺寸后应用 DFMA 软件搭建产品的装配关系

对标中心应该成为企业中工程师们经常交流和进行头脑风暴的场所，这对于研发工作有着非常大的推动作用，很多新奇的设计点子在面对实物的时候会源源不断地产生。

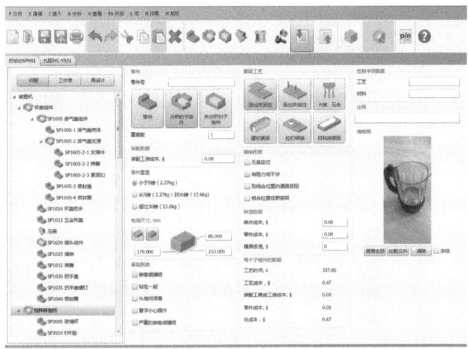

输入项包含重复	基线破壁机S	破壁机Y	差异	占比
零件符合最少零件标准	12	12	0	0%
零件需要考虑被取消	81	76	−5	−6%
所分析的子组件	7	5	−2	−29%
单独的装配操作	6	3	−3	−50%
所有输入	106	96	−10	−9%
装配人工时间/秒				
零件符合最少零件标准	85	79	−5.5	−6%
零件需要考虑被取消	664	577	−87	−13%
所分析的子组件的插接	45	32	−13	−28%
单独的装配操作	61	34	−27	−44%
总体装配人工时间	854	722.30	−132.08	−15%
设计效率				
DFA指数	9.05	10.71	2	18%

图 3-19　基于竞品分析的用 DFMA 软件做产品装配对比分析

3.6 目标成本管理

目标成本是用来确定产品生命周期成本的，该成本应足够开发特定的功能和质量的产品，同时也要确保产品理想的利润。一般是通过从竞争市场价格中减去期望的利润来设置目标成本。

在产品成本体系中，目标成本管理处于核心地位。管控好产品的目标成本，产品成本的相关工作就成功了一大半。目标成本管理是为了：①识别产品的成本驱动因素，按照客户需求去优化成本结构，这往往要结合价值工程的理念来实现；②基于实际各领域的成本现状，即生产相关成本的分布情况，帮助企业做出明智的投资决策；③基于实际数据的支持来做出更好的产品开发和采购的决定。

很多企业的管理者尽管了解目标成本管理的重要性，但是现实中因为各种困难或挑战都难以把这件事做好。比较典型的挑战主要是：

1）目标成本的制定缺乏依据和流程，很难判断其合理性；

2）目标成本的管理需要贯穿整个产品开发流程，但是很难有一个部门可以把全流程管起来，造成最终落地的实际成本与目标成本偏差比较大，降低了目标成本的指导意义，进而影响了相关部门人员管理目标成本的积极性。

的确，目标成本听上去很美，实际做起来却不是那么简单。对于上述的第一个挑战，下面来看看应对的正确方式应该是怎样的。

目标成本的制定涉及多个部门的配合，图3-20给出了汽车行业目标成本制定流程。

在图3-20中，研发部门首先根据新产品的设计要求，与现有产品对比在工程方面的差异，然后成本工程部门会根据工程差异计算应该成本，即用合理的生产方式制造产品的成本，然后财务部门再根据这个成本数据，

制定出产品的目标价格。其中，财务
部门应该与市场部门沟通确认目标价
格在市场上的合理性以及是否可达成
利润目标，在整体产品成本确认后，
再将目标分解下发到零部件级别。最
后，采购拿到产品的应该成本信息，
根据供应商的实际水平判断是否可以
交付，并完成供应商选点确认。从这
个流程可以看出，有四到五个部门都
要参与到目标成本制定的流程中。其

图 3-20　汽车行业目标成本制定流程

中，成本工程部能够准确算出应该成本是关键，这通常要依靠合理的成本
模型和数据库。同时，也最好能参考竞品相对应的成本，以及考虑新产品
可能会有成本上改善的机会等，使得目标成本既有指导性，也有充分的可
实现性。

如图 3-21 所示为一个简单的目标成本管理流程模型。

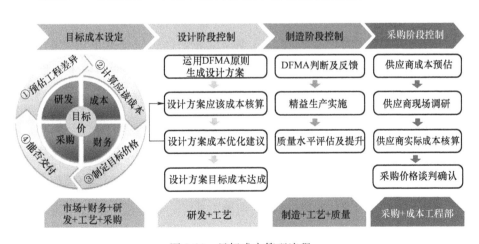

图 3-21　目标成本管理流程

从图 3-21 的流程中可以看到，在目标成本制定之后，设计、制造、采

购三个阶段都要开展不同的任务来保证目标成本的达成，而且同样涉及多个部门。在设计阶段，运用 DFMA 原则生成设计方案，并不断优化直到达成方案级的目标成本；在制造阶段，按照设计方案优化生产方式，结合精益生产实施，将制造成本控制住；在采购阶段，对供应商提供的产品成本做估算，并通过供应商现场调研，进一步核算出供应商实际成本，在此基础上与供应商谈判达成一个合理的价格。

在整个流程中，DFMA 方法和成本数据是成功的关键。而且，最好通过一个专门的成本管理部门统筹全流程的成本管控，做出有利于全流程最优成本的决定。或者，结合产品开发流程的管控节点，尤其是阶段性开发项目评审，通过由各部门代表组成的评审委员会做出与产品成本相关的决策。

3.7 产品成本模型及数据库建设

要做好产品的成本管控和优化，就离不开对产品成本的计算和评估。要计算产品的成本，既要有足够专业的各种成本模型，也要有丰富的成本数据库，最好再有计算成本的软件。不管是在产品研发阶段估算应该成本，还是在成本对标时估算竞品成本，或是估算供应商提供的产品成本，都离不开成本模型和成本数据库的支持。因此，成本模型和成本数据库建设就成为企业在产品成本管控工作中不可或缺的一部分。

成本模型是基于成本数据库（人工、材料、设备方面的数据）通过一组数学算法或参数方程来预测或评估零件、产品或项目成本的工具，成本模型建设需要各个与管理产品成本相关的团队合作，以及一个清晰的执行流程。

图 3-22 展示了建设成本模型的两种方式。一种是基于制造工艺，如注塑、冲压、铸造等，目标是针对单个零件的成本计算，根据零件的制造工艺来计算制造成本；另一种是基于装配线，将整个产品分为不同的装配零部件，计算每部分的成本。

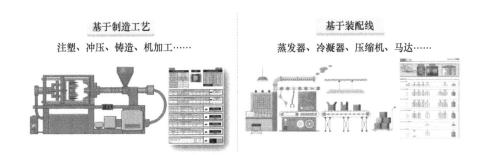

图 3-22　建设成本模型的两种方式

实际上，基于装配线的成本模型的基础仍然是基于制造工艺的成本模型，只是将成本汇总到整个产品层面了。

建设成本模型的关键是识别成本驱动因子，以及与之相关的费率。基于工艺的成本模型最重要的成本驱动因子为材料、设备、人工。除了这几项重要因子，还有很多与工艺相关的参数需要输入。完整的成本模型需要将与工艺相关的各项参数通过一定的算法关联起来，图 3-23 所示为 Excel 形式的注塑工艺成本模型（局部）。

构建成本模型需要对工艺有很好的了解，需要参考供应商的实际数据，还需要相当的人力和时间投入。图 3-24 呈现了成本模型的开发流程。

开发成本模型最重要的目的是可以评估供应商的成本。从图 3-31 中的开发流程可以看出，开发开始时要确定项目范围，即针对什么工艺，涉及什么样的产品，然后确定供应商。后面的评估步骤最关键，需要与供应商密切配合，包括数据准备，以及在供应商现场的调研。对供应商实际生产工艺了解得越详细，得到的数据就越准确，成本模型的可信度也越高。后面的工作就是搭建算法公式，通过实际 BOM 进行比对验证，最后经过评审确认，完成归档。

有了好的成本模型开发流程，还需要有好的信息收集，了解材料价格、人工成本、设备信息、设备费率、管理费用等成本数据库信息。一般

注塑零件成本计算模型														
零件号	…													
零件名	废料盒													
日期	…													
材质	GPPS													
包络尺寸/毫米（长×宽×高×平均厚度）	62.00	56.00	32.00	2.00										
生命周期产量	100,000													
原材料成本	GPPS	产品体积（立方厘米）	浇流道比例（基数=净重）	废料可回炉占比（%）	废料回炉比例（基数=净重）	零件最大壁厚（毫米）	烧损率（%）	产品净重（千克）	密度（克/立方厘米）	材料单价（¥/千克）	废料单价（¥/千克）	总材料成本（¥）	废料成本（¥）	材料成本（¥）
		12.844	42%	70%	30%	2.000	1.50%	0.014	1.090	1.110	0.444	0.018	0.001	0.017
注塑机选型	零件投影面积1平方毫米		空隙和开放表面积比例（%）		零件投影面积2平方厘米		模具型腔数量		锁模力		注塑机吨位		设备费率（¥/H）	
	3,472.000		0.000		34.720		2		42					
加工成本（列出每一道工序）	注塑机45T（一出二）	直接人工费率（¥/H）	间接人工费率（¥/H）	设备费率（¥/H）	模具温度（℃）	节拍时间（秒）	上下料时间（秒）	每人看机数量	型腔数量					
		3.68	1.37	1.50	50.000	14.28	3.00	1	2					
		工厂效率	直接人工成本（¥）	间接人工成本（¥）	制造成本（¥）	加工成本（¥）								
		85.00%	0.010	0.004	0.004	0.018								
	人工切浇流道	直接人工费率（¥/H）	间接人工费率（¥/H）	设备费率（¥/H）	节拍时间（秒）	上下料时间（秒）	每人看机数量	型腔数量						
		3.68	1.37		2.00	3.00	1	1						
		工厂效率	直接人工成本（¥）	间接人工成本（¥）	制造成本	加工成本（¥）								
		85.00%	0.006	0.002	0	0.008								

图 3-23　Excel 形式的注塑工艺成本模型（局部）

应从三大渠道收集此类信息：

1）主要供应商信息收集，包括供应商主动提供和供应商调研。

2）自有工厂信息收集。

3）网站信息收集。

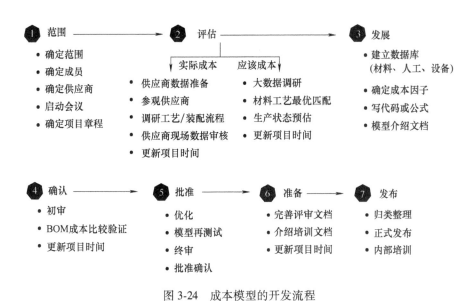

图 3-24　成本模型的开发流程

　　成本数据库的建设是一项需要靠时间积累的工作。除了上述材料、设备、人工相关数据等基于工艺的成本模型的基础数据，很多企业还希望在成本数据中能够直接看到他们产品所用的零部件的成本信息。实际上，零部件的成本都可以通过基础的成本模型使用基础数据计算出来，再采用基于产品架构的存储方式，就形成了产品零部件成本数据库。

　　如图 3-25 所示为成本数据库的架构。

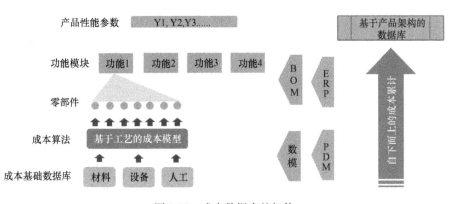

图 3-25　成本数据库的架构

从图 3-30 可以看出，通过基于工艺的成本模型可以将产品每个零部件的成本计算出来，而产品零部件又进一步组装成产品的不同功能模块，当积累的数据比较完整时，就在产品架构层面构成了基于装配的数据模型，进而发展成零部件成本数据库。基于产品架构的数据库如果用于平台产品，则可以为任何基于平台的新产品开发提供基本的成本评估，为达成产品目标成本起到重要作用，也能提高产品的开发效率。

图 3-26 为 DFMA 软件中工艺数据库示例。图 3-27 为基于装配结构的零件成本数据示例。

图 3-26　DFMA 软件中工艺数据库示例（通用铝合金冷室压铸工艺）

名称	每个零件的单件成本, ¥
消声器带附件总成	
筒体总成	0.00
前端盖	11.56
筒体组件	0.00
筒体	99.44
芯部组件	0.00
进气缓冲管	16.62
排气缓冲管	16.32
前隔板	13.63
后隔板	13.30
点焊	
压接	
后端盖	11.56
封装	
进气法兰组件	0.00
平面法兰	5.26
进气管	5.34
手工电弧角焊缝钢	
挂钩组件	0.00
进气管挂钩	3.13
挂钩加强件	0.40

图 3-27　基于装配结构的零件成本数据示例（汽车消声器局部）

3.8　降本设计工作与精益生产的结合及在供应链中的推广

精益生产在我国推广应用已有超过 20 年的历史，很多企业都从中受益良多。不少企业在推行精益生产一段时间后发现，尽管通过生产现场改善可以帮助降低生产过程的成本，但是如果是由于产品设计带来的高成本问题，比如零件种类和数量众多、紧固件规格多、装配困难且步骤繁琐等，是很难单纯依靠现场的精益生产方法去解决的，必须要向源头的设计寻找解决方案。反之，设计工作中运用 DFMA 这样的方法提高产品的可装配性和可制造性，也会让精益生产的做法获得加倍的收益。试想一个产品原来的设计要用到 100 个零件，如果运用 DFMA 方法将零件数降低一半，那么生产线要加工和装配的零件数也就相应减少一半，再考虑到零件之间的可装配性的提高，生产效率会进一步提升。可以说，没有设计源头的精益化，就不会有真正的生产端的精益化。

在直接通过简化设计降低产品成本的基础上，近些年越来越多的企业在产品研发中开始强调"四化设计"，即标准化、系列化、模块化、平台化。特别是标准化设计不仅可以降低产品成本，提高设计效率，还能帮助推动企业的生产和供应链管理更加精益化。

科理公司曾经在汽车、家电、净水器领域发现了太多因为零件设计不统一和紧固件不统一造成的装配问题。在有些企业中，研发和工艺甚至几乎是没有交集的，导致生产现场在工艺实现的时候要耗费大量的时间、精力去处理，效率非常低。例如，一家生产空调的企业，空调器内部制冷液管路弯管接头的长度和折弯角度会有超过 30 种不同的变化，去探究这些变化的原因，却没有人可以解释清楚，其实最主要的原因是设计那些接头的工程师不是同一个人，而且没有标准化设计的规范，导致不同的设计者设计出不同的产品，而这些不同在很多情况下完全没有必要。对于这 30 几种接头，经过分析发现其实只需要其中的 5 种就可以满足所有产品的要求。这样变化繁多的设计，给生产线带来了巨大的压力，因为生产人员需要辨别所有不同型号的接头，一旦用错，就会带来成批的产品报废。而这样的问题，又因为研发和生产工艺部门之间很少或者很难沟通，往往很长时间都得不到解决。类似的设计标准化问题确实对于生产和供应链管理影响很大。

DFMA 降本设计可以帮助产品设计减少零件的种类和数量，并且尽量在产品上采用标准化的零件，对紧固件规格的统一往往是标准化设计首先考虑的方向。这样的设计对供应链管理的帮助非常明显。很多成规模的企业因为需要采购的零部件种类多、数量大，都会有一个庞大的采购团队去管理众多的供应商，而每年的寻源、价格谈判，以及供货管理，都要消耗大量的人力和时间。如果产品设计缺乏精益和标准化思想，会造成需要采购的零部件种类过于繁多，单品的采购量不够大，进一步带来采购议价的困难。

下面来看一个通过降本设计简化供应链管理的例子，这个产品是用在印刷机上的马达组件，如图 3-28a 所示。这个组件是用在印刷机上控制印刷机两个转轴的转速的。原设计有 19 个零件，核心零件是马达、底座、传感器，其他零件就是钣金外壳和不同种类的紧固件。其中，仅仅外购的螺钉就有 4 种，还有马达、上盖、传感器、铜套管、外壳等零件也需要外购，涉及 9 家供应商。

经过再设计，如图 3-28b 所示，零件数大幅度减少，零件品种减少 6 种、包括螺钉、上盖、套管、支柱、外壳等，少了这些零件的同时意味着供应商也减少了 4 家，供应链的管理难度大大降低，抗风险能力也随之增强。

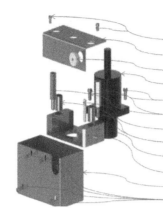

序号	零件名称	数量	类别	材料	工艺	来源
1	上盖螺钉	2	紧固件	钢	机加工	外购
2	上盖	1	结构	钣金	冲压	外购
3	套管	1	结构	塑料	注塑	自制
4	马达	1	功能			外购
5	马达螺钉	2	紧固件	钢	机加工	外购
6	支柱	2	结构	钢	机加工	自制
7	传感器	1	功能			外购
8	铜套管	2	结构	黄铜	拉管	外购
9	底座	1	结构	铝合金	机加工	自制
10	定位螺钉	1	紧固件	钢	机加工	外购
11	外壳	1	结构	钣金	冲压	外购
12	外壳螺钉	4	紧固件	钢	机加工	外购

印刷机马达组件

在12种零件中，有9种都需要外购，其中，螺钉就有4种规格

a) 印刷机马达组件原设计

1. 保留最少零件——马达、底座、传感器
2. 底座材料换为尼龙，取消铜套管
3. 用一体注塑外壳代替两件钣金外壳
4. 减少螺钉数量和种类

零件数量：19→7
总成本降低了46%

b) 印刷机马达组件再设计收益

序号	零件名称	数量	类别	材料	工艺	来源
~~1~~	~~上盖螺钉~~	~~2~~	~~紧固件~~	~~钢~~	~~机加工~~	~~外购~~
~~2~~	~~上盖~~	~~1~~	~~结构~~	~~钣金~~	~~冲压~~	~~外购~~
~~3~~	~~套管~~	~~1~~	~~结构~~	~~塑料~~	~~注塑~~	~~自制~~
4	马达	1	功能			外购
5	马达螺钉	2	紧固件	钢	机加工	外购
~~6~~	~~支柱~~	~~2~~	~~结构~~	~~钢~~	~~机加工~~	~~自制~~
7	传感器	1	功能			外购
~~8~~	~~铜套管~~	~~2~~	~~结构~~	~~黄铜~~	~~拉管~~	~~外购~~
9	底座	1	结构	铝合金	机加工	自制
10	定位螺钉	1	紧固件	钢	机加工	外购
~~11~~	~~外壳~~	~~1~~	~~结构~~	~~钣金~~	~~冲压~~	~~外购~~
~~12~~	~~外壳螺钉~~	~~4~~	~~紧固件~~	~~钢~~	~~机加工~~	~~外购~~

√ 零件品种减少了6种
√ 供应商减少了4家
√ 紧固件数量和种类都减少了
√ 供应链抗风险能力增强

注：底座材料变为尼龙，外壳替换为一体注塑的外壳

c) 马达组件经过DFMA降本设计后消除了不必要零件和紧固件

图3-28　通过降本设计简化供应链管理

3.9 让 DFMA 成为企业文化的一部分

从国内外多家企业践行 DFMA 方法的经验可以看出，DFMA 方法一旦充分融入企业产品开发的全流程中，就可以在产品成本管控甚至创新上发挥巨大的作用。对于设计决定产品成本这一理念的坚守，以及对 DFMA 方法能够带来的改变的信任，会逐渐成为企业文化的一部分。

本书在 3.1 节介绍过的那家车企就是这样企业文化的很好的践行者。"像抓质量一样抓经济成本管理"，该企业研究总院院长道出了秘诀。他们坚持引进建设 DFMA 产品成本体系几年之后，收获了丰厚的回报，更坚定了他们在这条路上走下去的决心。

回想就在几年前，这家车企还在经历尴尬，产品虽有性能上的特点，但是没有价格上的竞争优势，导致销量低迷，基本上没有利润。要么做一只温水中的青蛙，在不断升高的温度中慢慢死去，要么经历一次剧痛，完成一次破茧成蝶的蜕变。这是摆在企业高层面前的问题，显而易见答案只能是后者。所以，才有了后面一步一步地走出来的成就。到现在，由于降本设计带来的产品利润空间的增大，他们的车的销量已经达到了改善之前的六七倍，而在开发和采购方面的成本节省仅在四年的时间里就达到了接近五个亿的水平。

成功绝不是偶然的，这家车企在短短几年内就摆脱了主打车型在市场上不盈利的困局，几条重要的经验是：

1）高层坚定的信心和强有力的领导：当初整车降本设计项目的总负责人是研发总院的常务副院长，直接将项目的重要度提高到了企业的战略层面。

2）上下一心的执行力：从整车降本设计项目设立，到建立成本工程部，再到内部推行 DFMA 成本体系，无不体现了领导定方向，下面的团队坚决执行，遇到困难共同解决这样一个良性的执行机制。在这个过程中，没有看到事前犹豫不定，部门间扯皮，或者为了做一个完美的计划，而迟迟不敢开始的情况。各级领导的责任担当起到了关键作用。

3）用对的人和对的方法：从设立整车降本设计项目开始，研究院选出了以往工作表现出色的人员组成团队，并且强调运用 DFMA 方法的重要性，后续成立的成本工程部又是从这个团队选出来的人员，将整车项目积累的经验和团队精神带到了成本工程部，使得成本工程部工作的执行力也保持得非常好。

4）从小成功走向大成功：任何在企业里的全新做法，在开始推行时都会遇到各种质疑和挑战，也会在执行中遇到各种困难。这家车企的经验是，先从小项目做起，在可控的条件下，把项目做成功，从而给所有人建立了信心，再做比较大的整车项目，又取得了成功，进而推进更复杂的体系建设工作，又不断取得阶段性的成功。每一步的成功，都增加了后续工作的成功率，也逐渐打消了所有人的质疑，省去了很多不必要的争论。

要让 DFMA 成为一种企业文化，就要有企业员工在思想上的高度认可，以及在工作各个环节的充分体现。如果去问这家车企的领导，在推进 DFMA 产品成本体系过程中最大的收获是什么，他们首先想到的不是几年下来几个亿的成本节省，而更愿意强调的是他们得到了一支优秀的团队，也就是以成本工程部为核心的设计降本人才团队。有了成本工程部这个强有力的部门，从基础上就保证了企业在后面几年的产品成本优化工作得以顺利开展，也促进了研发、生产和采购等各部门之间在管控产品成本方面的合作。

在成本工程部的推动下，企业每年还举办精益设计大赛，设置了团体赛和个人赛，鼓励全员参与，任何人都有资格提出改善建议。为了有效收集大家的提案，他们专门设置了案例收集平台，企业每一个人都可以在平台内提交相关提案。为了评估提案，他们从各个专业抽调了专家组成专门的评审团队，提案一旦立项，企业就对团队和个人进行奖励。

在流程层面，他们从新产品开发到量产产品持续改善，都将成本优化的步骤固化在流程中，并且建立了设计项目成本评审机制，由成本和技术专家组成的评审委员会对方案进行评审，保证设计方案在成本上达成目标。

丰富的成本数据是核算成本的基础原料，建立成本数据库是企业得以顺利管控产品的基石。在很多企业，缺乏足够的成本数据往往是因为缺乏系统化的数据收集和管理机制，而成本工程部一项重要的职能就是建立成本数据库。

为了完成这项工作，成本工程部采用了两步走战略：先把各个平台的车按照材料、工艺、零件进行分类，应用 DFMA 软件逐个梳理成本，以接近最真实成本为目的；接着，对关联度大的供应商件也进行了系统地计算，为了达到精确计算的目的，相关员工深入到供应商一线，调研设备型号、吨位、加工速度等相关数据，并将调研数据输入 DFMA 软件形成自己的数据平台。经过几年的积累，共收集材料数据逾 2000 多项，工艺数据60 多种，零件数据超过 2000 项。

数据库的不断丰富，使得目标成本管理越来越精细化，也对供应链内的成本状况越来越了解。在与供应商的持续交流过程中，也逐渐加强了合作共赢的意识，结合设计降本和实际产品成本的准确核算，实现了与供应商合作降低整体成本，并共同承担相关开发费用，使得供应链降本逐步向良性方向发展。

经过近 5 年的积累应用，他们建设成了产品成本平台，可以按照内在逻辑关系，将成本动因数据库等基层数据库关联，并通过算法实现自动计算。只需根据市场配置即可快速估算出整车物料成本，并同步将整车物料成本目标高效分解到各专业甚至各系统，进一步支持新产品立项决策阶段市场配置的不断优化，并实时输出优化后的成本结果，使立项决策更为科学高效。同时建立零部件优选方案数据库，为每个零部件的降本设计方案提供有力支撑。特别是整车物料成本的估算，从最初 14 天的周期提升到两天即可完成，大大节省了整车开发项目的时间成本，进一步提升了研发成本的精益管控水平。

对于这几年取得的成绩，该车企的总经理在做总结发言的时候强调："艰苦奋斗，精益求精，是我们一直坚持的理念。"在近 5 年的时间内，该企业始终强化经营成本管理，持续开展"节约在心中，行动在手中"系列主题活动，在企业范围内形成了全员参与、全员改善的思想自觉和行动自觉。

该车企将把成本管控纳入公司十四五规划，不断创新成本管理机制，打造属于自己的成本控制指标体系和特色成本文化，深入持续全员开展精益成本管控活动，实现成本管控有体系、有抓手、有工具、有方法，DFMA 已经成为该企业文化的一部分，为高质量发展提供坚强保障。

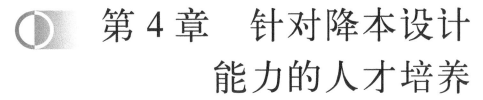

第4章 针对降本设计
能力的人才培养

4.1 成本管理对产品开发人员的能力要求

通常在企业正式推行成本工作之前，研发人员大多数时间更关注产品功能和性能的实现，很少去关心成本工作，认为成本是生产和采购部门该管的事，而且一般研发部门也很少直接承担控制产品成本的任务。本书前文提到过，从研发环节着手降本，是投入最低，但影响最大的，采购几乎只能决定20%的成本，而研发能决定70%的成本。忽略研发这个环节的成本控制工作，无异于丢了西瓜捡了芝麻。

如果去拆解分析足够多的产品，不难发现很多产品设计都源于工程师的线性思维设计习惯，即认为只要产品上要增加一个功能，就一定会增加相关的零件，很少去考虑如何用更少的零件完成更多的功能，这势必会造成最终的产品零件数量不必要地多。

如果用DFMA的设计思想指导设计，设计人员要考虑在满足产品功能和性能的同时，兼顾成本的约束以及可制造性和可装配性。对产品成本结构的把控，通常来自于对现有产品各方面成本的详细分析，再思考新产品如何通过设计把成本降下来，以及如何让产品更好地制造和装配。这样虽然在概念设计的时候可能会花的时间多一些，但是由于充分考虑了成本和装配的问题，实际后面在做设计变更的时候花的时间要更少。有机构做过统计，运用 DFMA 设计思想指导的产品设计，相对传统设计可以缩短设计周期，从而可以争取到更早的上市时间，帮助企业取得市场领先优势。

如图 4-1 所示为 DFMA 设计流程与传统设计流程的对比，在概念设计阶段，DFMA 设计流程要用比传统设计长得多的时间，但换来的是后面时间尤其是设计变更时间的大幅度减少，这是整体设计周期缩短的主要原因。在概念设计阶段，要求有跨职能团队的合作，研发部门与市场、生产、工艺、采购、成本等部门一起，在详细分析当前产品各种改善机会的基础上，提出多个设计方案。新方案的提出离不开 DFMA 方法的运用，目标是用最少的零件实现产品的功能，并保证可制造性和可装配性，这样才能真正地将设计失误降低到最低，这是设计变更减少的主要原因。总之，开发人员熟练地运用 DFMA 方法是设计降本关键。

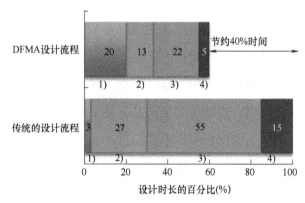

图 4-1 DFMA 设计流程与传统设计流程的对比

（数据来源：美国塑胶产品论坛）

一个重要的问题是，研发人员需要具备哪些方面的能力以满足成本管理的要求呢？根据推行成本管理工作比较成功的企业的经验，这方面的能力通常包括：

1）掌握面向制造与装配的设计 DFMA 的基本理念和分析流程。比如，设计决定产品成本的理念，运用"最少零件原则"简化设计，运用 DFA 设计原则提高产品可装配性，运用 DFM 方法提高可制造性，降低制造成本等。

2）了解主要的产品制造工艺，至少理解不同的工艺参数对产品成本的影响。很多研发人员的工艺知识比较欠缺，尤其是当主要零件是由供应商负责制造的时，研发人员能直接接触到工艺的机会就更少。这方面的知识可以通过与工艺人员及供应商的经常性交流积累。研发人员掌握了足够的工艺，就有更强的能力在设计过程中为产品选择成本合理的工艺，实现降本。

下面来看一个真实案例。如图 4-2 所示为通用电气列车部门产品上使用的一个油底壳零件，这个油底壳的工艺是砂铸，材料使用球墨铸铁。

采购和成本部发现，他们用 DFMA 软件算得应该成本是 38 美元，而供应商报价是 98 美元，利润率高达 150%，明显高于行业平均利润率。于是他们约了这家供应商谈降价，但是供应商比较强势不同意降价。通用电器只能考虑去成本相对比较低的地区采购，他们想到了印度。采用 DFMA 软件基于印度当地数据测算，这个零件的应该成本为 28 美元，当地供应商报价 38 美元，包括 36% 的利润，看起来机会很好，但是有人提醒说，要从印度远渡重洋地运到美国，交期和通关的问题会有很多不确定性。那么是否可以从设计端再考虑别的选择？

设计工程师想到了可以用压铸工艺替换砂铸工艺，材料也相应地

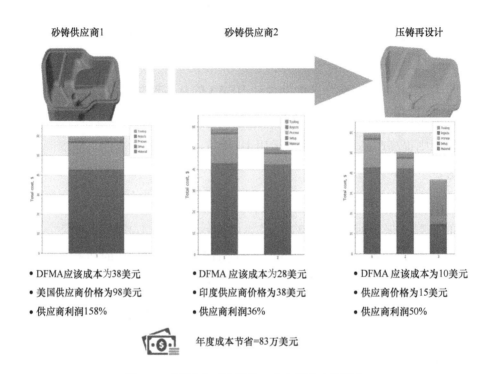

图 4-2　通用电气列车零件工艺变更产生的降本

换成铝合金。经过 DFMA 软件的测算，应该成本只有 10 美元，而美国当地供应商报价也不过 15 美元，这样降本决策就非常容易了，采用压铸替代砂铸，每个零件可以省下 83 美元，一年下来就可以节省 83 万美金。

　　从这个案例不难发现，工艺上的改变有时可以带来非常可观的降本机会，能够把握住这样的机会一定要靠设计工程师具备足够的工艺知识及成本测算的能力。

　　3）能够在设计阶段计算产品的应该成本，包括学习成本模型的基本原理，以及掌握相关软件的使用，比如 DFMA 软件。

　　4）掌握价值工程 VAVE 的分析成本和优化的方法。在前面章节 1.5 节中提到的九步法工作流程，其中第七步就是 VAVE 价值分析，如图 4-3

所示。降本设计必须要平衡功能和成本之间的关系，让两者都得以价值最大化，所以现在半数企业设置有价值工程部。

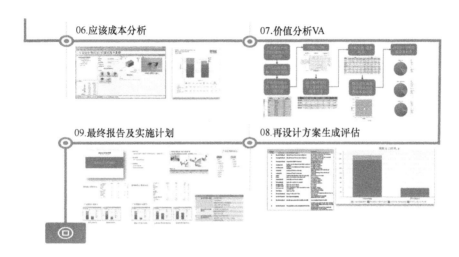

图 4-3　DFMA® 降本再设计工作流程局部

4.2　成本工程部人才能力要求

本节讨论成本工程部的工程师应该具备的不同级别的知识和能力，具体的知识框架如图 4-4 DFMA 核心人员降本管理知识体系所示。

图 4-4 中展示的内容是在多家企业实践中总结的。图中的 L1、L2、L3 是从低到高的三个等级，"倡导者"一般是指企业中的部门以上领导，在这个体系中负责产品成本相关的项目推动和人才培养支持，他们需要掌握基本的 DFMA 理论，以及成本管理体系的推进方法。

1）级别 L1。L1 是入门级别，相关人员只需要掌握基本的 DFMA 理论，以及相关软件操作。经过这个级别培训的人员可以参与 DFMA 相关项

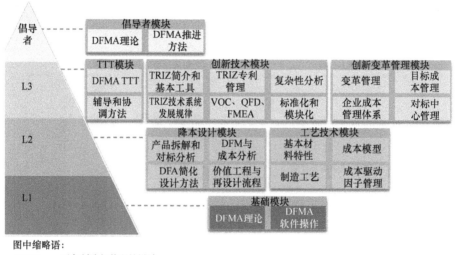

图中缩略语：
DFMA——面向制造与装配的设计
DFA ——面向装配的设计
DFM——面向制造的设计
VOC——客户声音
QFD——质量功能展开
FMEA——失效模式及影响分析
TRIZ——发明问题解决理论
TTT——培训师培训

图 4-4　DFMA 核心人员降本管理知识体系

目，并提供简单的支持。

2）级别 L2。达到 L2 级别的人员可以独立担当产品的可制造性和可装配性分析工作，核算产品成本，并通过设计优化成本，需要掌握降本设计方法、基本工艺知识以及成本模型的开发和运用。

3）级别 L3。达到 L3 级别，可以担当成本管理相关的负责人，至少也是核心骨干，再通过培训师培训，可以成为企业的成本管理内训师。因为降本设计涉及新产品开发，在降本的同时也不能忽视创新，所以 L3 级别人员需要掌握与创新相关的方法论，包括 TRIZ、客户需求分析、质量功能展开（QFD）等方法。在降低产品单品成本的基础上，对于从单品到系列产品的复杂性分析可以从更大的范围找到降本和提升研发效率的机会，因此从复杂性分析到标准化和模块化设计的方法也包括在 L3 级别人员的能力要求中。在变革管理模块中，在变革管理的基本方法基础上，L3 级别人员重点需要掌握产品目标成本的管控，推行企业成本管理体系的方法，并了解对标中心的建设方法。总体来说，上述这些能力的培养，可以使达到 L3 级别要求的人员真正具备从全局管理产品成本的能力。

4.3　理论结合实际的 DFMA 培训方式——从工作坊到项目

对于 DFMA 相关方法的培训，有些企业的领导会提出："能不能先做一个培训，让相关人员把 DFMA 方法论了解一下？"实际上，单纯的培训通常难以让能力落地，对学员的能力提升比较有限。一个更有效的方式是做工作坊，理论结合实际操作，使学员既学到了方法，又可以在自己企业的产品上实操，甚至可以当场解决问题。

工作坊已经成为企业中应用 DFMA 方法最常见的形式，工作坊的成功举行对于后期推动降本项目有着至关重要的作用。降本需要研发、财务、采购、生产等多个部门的参与，企业的决策者需要用一场卓有成效的标杆性的事件证明 DFMA 方法的有效性，以此给各部门员工树立信心，并指明下一步工作的方向。工作坊也可以说是一个小型项目，其短平快的特点最适合做标杆。

推行产品成本体系比较成功的企业，都是先通过工作坊让相关部门看到成效，提振所有人的信心，从而把方法论扩大推广到其他产品线和供应链中去的。表 4-1 所示为一个 DFMA 标准三天工作坊日程。

表 4-1 DFMA 标准三天工作坊日程

	第一天	第二天	第三天
8：30—9：00	工作坊概览（建议公司高层参加）	回顾第一天学习内容并答疑	回顾第二天的内容并答疑
9：00—10：00	介绍面向装配设计方法论 DFA	介绍 DFM 成本分析	分小组：筛选头脑风暴想法
10：00—10：15	休息 15 分钟	休息 15 分钟	休息 15 分钟
10：15—10：45	DFA 案例练习	针对示范案例的 DFMA 全面装配及成本分析	分小组：组合并完善再设计概念细化所选的设计想法，做概念澄清并绘制草图
10：45—12：00	通过示范案例介绍 DFA 分析方法	每个小组分析各自产品所选零件的成本	
12：00—13：30	午餐	午餐	午餐
13：30—14：00	分小组介绍每个小组所选产品特点及装配问题。每个小组拆解记录各自产品	价值分析及价值工程 VAVE 简介	分小组：重新设计装配流程，并做相关零件成本计算，整理整个设计概念，完成最终报告
14：00—14：30			
14：30—15：00			
15：00—15：15	休息 15 分钟	休息 15 分钟	
15：15—16：00	每个小组使用 DFA 方法分析产品的装配流程	DFA 改善设计方法介绍 分小组做头脑风暴，生成改善设计想法	工作坊最终汇报会，每个小组分别报告学习成果及再设计方案，建议企业高层参加
16：00—16：30			
16：30—17：00			

在工作坊取得成功后，各部门之间容易产生共识去推动更大的项目，比如有的车企前期选择仪表板、座椅这样的部件做工作坊的尝试，在看到能够切实得到降本设计思路，达到初步设计降本的目标后，再升级到整车项目。整车项目需要更多部门的参与，项目周期也会比工作坊要长很多。

表 4-2 是一个整车 DFMA 分析再设计项目计划表实例。

表 4-2　整车 DFMA 分析再设计项目计划表实例

活动	对应职能	工作周															
		1	2	3	4	5	6	7	8	9	10	11	12	13	14	15	16
整车拆解及 DFA 分析	拆解专家、结构设计	▓	▓	▓	▓	▓	▓										
应该成本分析	成本工程师、结构、工艺																
底盘系统-转向、悬挂、刹车系统						▓	▓	▓	▓	▓							
动力传动系统						▓	▓	▓									
内饰-座椅、装饰板、仪表板						▓	▓	▓	▓								
外饰-保险杠、引擎盖、车门						▓	▓	▓									
白车身						▓	▓	▓	▓								
功能分析	专业领域设计负责人																
底盘系统-转向、悬挂、刹车系统							▓	▓	▓	▓							
动力传动系统							▓	▓	▓								
内饰-座椅、装饰板、仪表板							▓	▓	▓								
外饰-保险杠、引擎盖、车门							▓	▓	▓								
白车身							▓	▓	▓	▓							
价值工程再设计方案生成	价值工程专家、成本工程师、设计专家									▓	▓	▓	▓				
方案可行性讨论	价值工程专家、成本工程师、设计专家												▓	▓	▓		
成本收益核算	成本工程师														▓	▓	
最终报告	项目经理、各领域专家																▓

项目的第一步是对产品的拆解以及装配分析（DFA 分析）。拆解过程对于整车这样复杂的产品，拆解过程需要比较专业的人员执行。除了提取必要的信息和数据，如通过拍照、测量外，还要尽量恢复产品的装配次序。在 DFA 分析时应识别最少零件，并思考更优的装配方式。图 4-5 展示的是车门内饰板在拆解后恢复装配次序图。

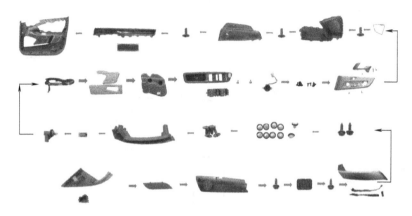

图 4-5　车门内饰板在拆解后恢复装配次序图

拆解的同时生成 BOM，这为下一步做再设计提供了比对基础，通常会将新设计与原设计的 BOM 进行比对，看看改善程度如何。

下一步是应该成本分析，这通常是最耗费时间的阶段。很多企业技术能力有限且没有数据库，这一步挑战比较大，需要外部资源的帮助。掌握产品的应该成本非常重要，不仅可以评估设计方案的合理性，也可以评估供应商价格的合理性，通过评估可以发现降本机会。应该成本分析也是价值分析的必要前提条件。图 4-6 展示了零件成本计算实例。

再下一步，是通过价值工程的功能分析挖掘可以改善的机会。功能分析在后面的价值工程章节中会有详细介绍。简单来说，功能分析是分析产品的各个功能模块，结合应该成本数据，针对逐个功能判断成本投入的合理性，识别成本投入过高的模块。在运用 DFA 原则考虑如何减少零部件

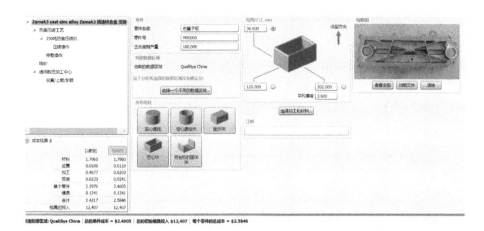

图 4-6　零件成本计算实例（DFMA 软件）

时，要了解相关的零部件的功能及其对其他零部件的影响。

接下来的一步，是真正思考可以实现降本的新设计想法，并整理为完整的设计方案。然后还要开展有各个部门参与的方案可行性研究，甚至供应商也要参与进来探讨新方案的技术要求是否可以顺利实现。

图 4-7 所示为应用 DFMA 软件识别装配中的问题的例子。

图 4-7　应用 DFMA 软件识别装配中的问题

DFMA 方法的一个优势是可以随时核算设计方案的应该成本，以及不同方案之间的成本差异，这一般是项目末尾阶段的任务。最后一步是要整理好方案报告。图 4-8 所示为某家电产品设计改善前后成本的对比。

每个产品的成本,$	基线原来的	新设计	差异	
装配工艺	11.20	9.76	−1.44	−13%
制造单件	221.01	188.51	−32.50	−15%
总成本不含模具	232.21	198.27	−33.94	−15%
总模具成本	0.12	0.69	0.57	476%
总成本	232.33	198.96	−33.37	−14%
总模具投资$				
装配工具和工装	0	0	0	0%
制造模具	1,202	6,921	5,719	476%
总投资	1,202	6,921	5,719	476%
产品生产周期产量数据和重量				
生命周期产量	10,000	10,000	0	0%
总产品生命周期成本, $	2,323,300	1,989,593	−333.707	−14%
总重量, kg	1.72	1.75	0.03	2%

图 4-8　某家电产品设计改善前后成本的对比（DFMA 软件界面）

DFMA 方法重在应用，从工作坊到项目是一个循序渐进的过程，在这个过程中实现方法的培训落地。

4.4　产品成本体系管理人才的培养

组建成本管理团队，关键在选人，其次才是培养。成本工程部人员既要懂技术又要懂工艺，在采购层面也要有深入的了解。从产品阶段来讲，很难从企业内部直接找到符合这些标准的人员，最好的解决方式是什么？是选择不同专业的人员组建成技术全面的团队，用各自的强项去弥补伙伴的弱项。同时，制定培训规划，团队共同学习必要的知识和技能。在共同做成本优化项目的过程中，能够锻炼每个人的能力，增强团队的凝聚力。

良好的沟通能力是成本管理者的必备技能，成本管理者要与研发、生产、采购、市场等部门人员保持常态化的沟通，其中很多沟通是要面对各种问题的，让成本管理人员主动担任这类沟通的主导角色至关重要。

可持续的良好管理离不开对流程的制定和管理，前文提到的目标成本管理流程就是一个非常重要的流程。其他相关流程还包括产品立项、研发、项目评审、供应商定点、供应商价格优化等流程。好的管理者要有意识地去关注流程，建立及完善必要的流程。很多企业在管理目标成本时遇到的一个突出问题是，没有一个专门负责全流程成本的管理者或者部门，往往是研发部门负责物料成本（BOM 成本），生产部门负责制造成本，采购部门负责采购价格（供应商成本）。在这种情况下，各部门都按自己负责的那部分成本考核绩效，但是对全流程成本会如何变化就少有关注，如物料成本与采购价格就有着很密切的关系。如果在设计时选择一种便于机加工的材料，加工成本会显著降低，但是材料成本会上升。如果材料成本上升幅度小于加工成本降低的幅度，从全流程看成本是下降的。然而，对于研发部门来说，物料成本会上升，意味着研发部门的绩效会受影响，那么研发就可能会反对采用这个方案。这种时候，就需要有一个负责全流程成本的管理者或者部门，基于全流程成本的变化来做出最利于整体成本优化的决定。在很多跨国企业里有大产品经理这样的职位，站在产品开发全流程的高度，负责产品的最终盈利能力。如果出现前述的材料成本和制造成本上下变化不一致的情况，大产品经理有权做出对于整体成本最佳的选择。没有大产品经理时，可建立成本工程部来牵头各相关部门，通过评审会这样的形式做出最合理的决定。这些做法都需要有明确的职责定位，并选择有足够管理和沟通能力的人才来担起这份职责。

"如果给我足够的奖章，我可以征服世界"，拿破仑如是说。拿破仑是组织激励的大师。这种针对个人的激励方法经过无数的企业和组织验证，确实卓有成效。

为了夯实降本工作，国内外企业想了很多办法，但最直接有效的是对为成本工作切实做出贡献的员工提供现金奖励和荣誉表彰。国内某著名车企为了让降本卓有成效，曾提出要拿 1 个亿出来鼓励团队和个人做好产品成本工作，后来该企业用这笔钱专门成立了价值工程部，配合采购部门去做降本工作。后来该企业出台政策，规定对企业内部的员工要从降本收益中拿出既定的比例进行奖励，降得多奖励的也多。有了这个政策，员工的干劲比以前更加高涨。

这种激励方式可以不局限于企业内部，延伸到供应端。有的企业会派采购和工程成本部的工程师去找供应商谈判，要求供应商也一起进行降本设计，保证在品质不降的前提下一起实现设计降本时，供应商可以获得返利。从来都是感觉被压榨的供应商，终于看到了拿"回头钱"的希望，自然愿意配合。双方共同研究降本策略、共同进退的局面缓和了上下游的矛盾，实现降本双赢。以双赢的理念管理好供应商，也是成本管理者必须要具备的能力。

4.5 知名企业设计成本相关人才培养案例

1）家电行业案例。2020 年，国内某知名家电企业在咨询公司的协助下连续做了 5 场较大规模的 DFMA 工作坊。这源于该企业对工厂集约增效的重视，希望在整个价值链推动降本工作。要做好这样的工作，培养足够多的人才是必要条件。因此，他们希望从工厂选拔出研发和制造的优秀员工，集中参加工作坊培训，未来这些员工将成为在每个工厂推动 DFMA 工作的骨干。每期工作坊都是 3 天 2 夜高强度执行，经过 5 期工作坊，共培养了来自五个产品线超过 200 人，还在超过 10 款产品上生成了降本再设计方案，预计的降本收益按销量推算超过 1 亿元，工作坊任务超额完成。在此基础上，该企业又以这批参与工作坊的员工为骨干，成立了成本管理接口人制度，并计划在集团层面成立成本工程部，与各产线的接口人共同构成产品成本管理网络，不断践行全价值链成本管理。

2）汽车行业案例。某家车企在成本工程部的安排下，每年在公司内部推行 DFMA 系列方法，设计的专业培训课程如图 4-9 所示。除了这些课程，他们还通过邀请企业外部专家授课、技术交流、供应商材料专业培训、展会学习、供应商调研等多种方式开阔自己的眼界。

DFMA基础
1.DFA产品分析流程
2.DFA设计原则及具体方法
3.降本设计案例分析
4.成本对标分析流程
5.DFM基本方法介绍

材料及工艺优选
1. 工业用材料的历史及特性
2.产品材料选择标准
3.主要制造工艺介绍:注塑、冲压、压铸、机加工
4. 材料及工艺优选案例分析

成本核算系列方法
1.成本模型和数据库建设
2.利用DFMA软件做产品成本计算
3.目标成本制定和管控流程
4.ABC作业成本法介绍
5.供应商成本调研方法

价值工程系列
1.价值工程概述
2.客户需求分析及转化
3.质量功能展开(QFD)介绍
4.功能分析
5.功能-成本分析

图 4-9　专业培训课程示例

该车企用专业知识武装自己，3 年下来积累了超过 7 本操作手册，每一本操作手册都细致地描述了工作的关键点和流程，细致到每一个经过培训的新人都可以按照手册去做类似的工作。该车企的主机厂的学习搞得如火如荼，各大供应商也纷纷响应号召，加入到设计降本的行列当中。

3）通信行业案例。一家知名的通信系统企业，在 2015 年起推行 DFMA 方法。从做第一个工作坊开始，他们就非常重视对人才的持续培养，强调将所学落地，转化成有效设计，真正在成本降低、工艺改善、装配效率提升方面让企业获益。在第一次针对服务器结构件成本改善的工作坊取得成功后，他们立刻成立一个工作群，制定了全年产品改善计划。在

之后的一年时间内，组织了超过 20 场工作坊，针对多款产品的各种结构件模块进行设计改善，落地率 100%，平均在结构件上实现的降本幅度达到了 30%。

在这些工作坊中，针对其中一款通信基站产品的改善，他们提出了一个超过降本幅度 40% 的具有挑战性的目标。为了实现这个目标，该企业组织了所有相关部门并抽调精英组成项目组，对产品进行结构、材料、装配、工艺、后期安装等各方面分析。其中一个技术挑战是在降低成本的同时，提升产品壳体和支架的强度，经过数次讨论和改善，工程师们设计出了一种特别的结构，最终将设计方案落地。为了验证方案的有效性，工程师们多次到产品的安装现场调研，不断修改方案，最终达到了预期的降本目标，同时产品无论在品质还是在装配方面都较之前有了大幅度进步，为抢占市场赢得了先机，也带来了更多的盈利空间。

在持续执行各种工作坊或改善项目的过程中，该企业参与其中的工程师都得到了真正的磨炼，对 DFMA 相关方法和相关专业知识的应用，以及创新能力，都获得了真正的提升。他们也形成了一种依靠团队的力量不断接受新的挑战的文化，团队成员的获得感和自豪感都得到了提高。

4.6 与降本设计相关的技术能力的提升

降本设计的核心在于"设计"，想要在降本的同时还能保证甚至提升产品的性能和质量，就必须通过创新设计出与之前不一样的产品。应用 DFMA 方法这一种方法论去实现产品降本不是产品设计的全部，还要综合运用多种方法，让产品在各个方面都做到最好。

发明问题解决理论 TRIZ 是开阔思路、解决技术难题非常好的方法。它通过对海量专利的研究总结出了发明创新的规律，并提出了技术系统进化的规律，为把握技术发展方向、解决当下技术难题提供了全新的思路，是研发人员都应该去了解并掌握的方法。

六西格玛设计 DFSS 可以从客户的实际需求出发，通过系统化的方法逐步将需求转化为技术要求和指标，并通过概念设计、详细设计、不断优化以及验证等几个阶段，保证设计的产品达到高质量、高性能表现、合理的成本。应用 DFSS 不会与通行的研发流程有任何冲突，能通过提供一系列的方法和工具提升研发过程的效率和质量。

所有这些方法都是可以并行不悖的，要综合起来看待这些技术方法，与设计相关的技术方法的组合关系如图 4-10 所示。

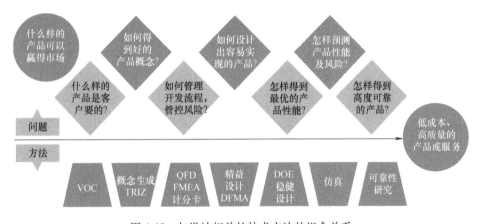

图 4-10　与设计相关的技术方法的组合关系

随着技术的不断进步，一些比较先进的企业已经开始考虑在产品设计中融合人工智能的因素。人工智能既可以用于从设计到制造的各个流程中，也可以直接加到产品上，使产品本身有智能化的功能。对于企业来讲，在不远的将来，用好人工智能，最好先有一个清晰的战略。图 4-11 所示为一种企业实施人工智能（AI）战略的架构，这个架构指出，从总体愿景，到应用案例（场景），再到促成因素的各个层面布局，都需要综合考虑。

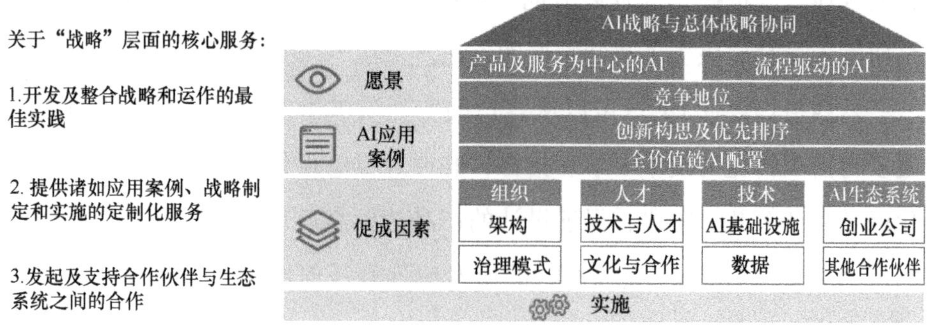

关于"战略"层面的核心服务：

1.开发及整合战略和运作的最佳实践

2. 提供诸如应用案例、战略制定和实施的定制化服务

3.发起及支持合作伙伴与生态系统之间的合作

	AI战略与总体战略协同			
愿景	产品及服务为中心的AI		流程驱动的AI	
	竞争地位			
AI应用案例	创新构思及优先排序			
	全价值链AI配置			
促成因素	组织	人才	技术	AI生态系统
	架构	技术与人才	AI基础设施	创业公司
	治理模式	文化与合作	数据	其他合作伙伴
	实施			

图 4-11　企业实施人工智能（AI）战略的架构（参考 Applied AI 公司资料）

Chapter 5

第5章 创建良好的
成本管理企业文化

5.1 打造良好的产品成本生态环境——平台的力量

　　成本体系建设从一开始就不能闭门造车，除了在公司自身的产品开发全流程推进，来自行业伙伴的支持也不可或缺。比如，如果企业自己是汽车主机厂，做好产品成本工作，就必然还需要一级供应商，以及二级、三级供应商等的多方配合。

　　除此之外，还可能需要与其他产业的联系和合作。还是以汽车行业为例，在主产业链上有主机厂和各级供应商，除此之外还有些共生的行业。比如，提供各种数据的行业，包括市场调研数据、产品对标数据、成本数据等，还有与汽车相关的金融、媒体、外包设计行业，等等。这些不同行业的多家企业有机会共同构成一个生态环境，或者搭建各种平台，发挥各家专长，共同解决比较复杂的问题，也可以挖掘更多更新的商机。

　　开展设计降本工作时，可以通过搭建平台，利用各行业企业各方力量把事情做得更加全面，更具有可持续性。DFMA方法论的创始公司BDI从开发这个方法论开始，就有意借助多方力量，逐步形成一个有着共同理念的设计降本合作网络。BDI 公司自己也愿意提供一个各方交流的平台，促进各个公司对方法的深入应用。在过去的 40 年时间里，他们用对设计降本的工匠般的执着和开放的态度，让这样的合作网络得以一直延续下来，持续发挥着作用。

1. 企业联盟与 DFMA 峰会

早在 20 世纪 70 年代末，当 DFMA 方法还处于早期开发阶段时，几位方法论的创始人就想到联合美国的一些知名企业，如 IBM、霍尼韦尔、摩托罗拉、柯达等公司，探讨产品设计中提升可装配性和可制造性的各种可能，并且在各公司的支持下，对于各种类型的生产线做了深入的研究，获得了大量真实的数据，为后期建立科学合理的与生产相关的数据库奠定了基础。DFMA 方法的一大优势，是用科学客观的数据评估产品的可装配性和成本。评估可装配性，离不开对于装配工厂实际工作的了解，并提取典型的数据，比如测定产线上标准工时等数据。要计算产品的制造成本，离不开对于制造工艺的了解，掌握各种工艺参数，才能有准确的计算。可以想象，如果没有不同行业企业的大力支持，提供海量的实际数据，DFMA 方法就只有理论上的价值，而无法在实际运用中发挥作用。BDI 公司这种与多家企业的合作到了 20 世纪 80 年代初期，形成了一个以提升产品可制造性、可装配性为目的产业联盟，在几年的时间里，使得 DFMA 方法所用到的数据库覆盖了制造业的多数领域，让参与这个联盟的企业都从运用方法和数据中获得了极大的收益。

在最初通过与企业联盟取得了方法论和数据库开发成功的基础上，BDI 公司再进一步，自 20 世纪 80 年代中开始，组织召开年度 DFMA 用户峰会，通常在每年的 9 月或 10 月举办。会议的议题基本上都聚焦在如何更加有效地运用 DFMA 方法实现设计降本。参会企业最初均来自前面提到的产业联盟，后来逐步扩大到所有愿意尝试 DFMA 方法做设计降本的企业。

其中有很多企业是各行业的领军企业，比如波音、霍尼韦尔、IBM、戴尔、雷神军工、惠而浦、科勒、通用汽车等。各家参会企业会派代表上台分享应用 DFMA 方法实施产品降本的案例，有的企业愿意从方法论实践上探讨各种新的做法。所有分享过后，大会还会投票选出最佳实践案例，由 BDI 公司颁发最佳案例证书。这个年度峰会，从举办开始，多年未间断过，2020 年 BDI 公司第一次通过线上的方式举办了峰会。

2. DFMA 方法应用案例

下面通过几个在 DFMA 峰会上分享的企业案例，来看看在过去的这些年里，各企业运用 DFMA 方法的发展情况。

（1）戴尔公司

最初峰会上分享的大多是针对某一产品独特的降本案例。参加会议次数较多的戴尔公司，他们曾是最佳实践案例的获得者，曾经分享过 DFMA 在公司内部从无到有、从小到大的过程。

起初戴尔服务器的成本是居高不下的，关键在于设计端没有做好成本控制，更难的是在研发阶段无法有效地做成本评估，对于设计方案关联的成本究竟处于什么水平，无从得知。要等到生产环节，真正的成本才能显现出来。这样，在产品进入市场后才能根据落实的成本制定销售价格，这个过程让公司感到比较被动。

公司内部一致认为这个问题必须解决，于是在开始时，他们成立了一个三人小组，专门研究成本问题。后来他们认识到，关键问题在于无法在设计初期获得成本相关的数据，也就无法建立成本模型去评估在研产品的成本。这样，解决数据问题就成了关键。他们最初尝试用 EXCEL 表格积累数据，计算过程比较繁琐。后来用上了 DFMA 软件，由于软件自带北美地区的材料、工艺和设备数据库，使用软件时可以直接调取，再加上成熟的算法，让设计方案的成本评估变得快捷高效。图 5-1 展示了戴尔公司开发流程与 DFMA 方法的结合。

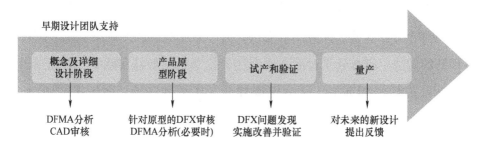

图 5-1　戴尔公司开发流程与 DFMA 方法的结合

（来源于戴尔网站）

　　基于数据库的数据，不同设计计算得出的成本结果是不一样的，这对设计团队解决成本问题是大有裨益的。戴尔公司的项目小组于 2012 年拿到 DFMA 软件，2013 年和 2014 年主要是对现有产品进行重新评估，识别潜在降本机会并加以改进。2015 年戴尔公司将这个软件的应用延伸到对标同行业，由于竞品结构和材料可见，生产工艺可以推演，调用软件自带的数据并结合自己掌握的数据大致可计算出竞品成本水平，在了解这些的基础上再回头改进自己的设计，如此一来产品设计的优势处于高点、成本却处于低点，销售自然更容易推进，竞争优势也得到了不断体现。

　　2016 年和 2017 年，戴尔公司的三人项目小组俨然已经成了一个专业的部门。该小组对研发提供意见和建议，提出尽量不用工装夹具完成各个部件之间的连接，避免装配成本的产生，而且提出产品设计应尽量可视化，在方便性方面应予以提升。

　　项目小组的职责是用降本理念驱动产品设计优化，软件已经成了他们与设计部门沟通工作的媒介，目标成本用软件去制定，目标达成情况用软件去衡量，设计改进情况用软件去评估。

　　戴尔公司的成本负责人在峰会分享时，曾引用了一个真实案例，他们发现服务器框中有 2 件卡接件，经过分析发现完全可以经过再设计从 2 件减到 1 件，单单这样就节省了 16 美元，而年产量大概是 80000 台，每年可节省 128 万美元，总成本降低了 9.5%。

现在的戴尔公司已经成了 DFMA 峰会的常客，经常分享自己的降本经验。戴尔公司的案例表明，设计降本是有效的，其利益是长远的，需要持续不断地进行，要研发、工艺、生产等多部门联动、共同参与。如今DFMA 理念已经融入戴尔公司的血液，成了一种传统。

（2）伍德沃德公司

随着降本技术的深入应用，许多企业发现降本绝不是单纯地简化产品设计那么简单，系统化地组织和体系化地运作更为重要，于是逐步开始尝试向体系化运作靠近。

2012 年伍德沃德公司开始尝试在公司内部推行降本体系，起初不是很顺畅。公司给设计、采购和供应链部门开展培训，把 DFMA 设计降本理念传递给他们，希望他们去应用。但是这些部门没有第一时间提起兴趣来，这次尝试并不成功。

高层意识到单纯靠大而广之的推广，很难实现落地性。于是公司一改先前的做法，不再求大，而是采用精兵政策。2014 年，公司开始了一个试点项目，为这个项目组建了一个专门的团队，又遴选了一些主要供应商，给选中的团队成员做了 DFMA 降本设计培训。改型产品也不是各门类全覆盖，而是遴选出那些销量可观的主打产品，或者需要中期改款的，以集中团队成员的精力，且预期收益也足够可观。

同时团队内部约定，每周三开会讨论进展，一旦产品设计偏离既定成本目标，马上采取措施补救。团队还向外积极寻求降本之道，坚持参加DFMA 降本峰会，听取来自其他企业的经验并有效吸收，转化成适合自己的工作方法。

除了"练就内功"，公司与供应商的价格联动机制也慢慢形成。采购会亲自到供应商处调研，并与其中 25 个供应商共同探讨供应商报价的方案。起初，供应商为了维护自己的利益肯定会抵触，但是伍德沃德公司一改传统的压价模式，转成共赢模式。供应商只要同意优化设计降低成本，公司就给供应商返利，奖励 40%。供应商发现甲方是认真地要与他们联动降价，配合度相较之前提升了很多。在商务降本这个层面，伍德沃德公司取得了阶段性胜利。

除此之外，公司也小规模引进了 DFMA 软件给这支试点团队使用，并利用软件对产品设计降本展开头脑风暴，得到了 150 条建议，其中 50 条可用，这 50 条全部落地后，实现了 30 万美元的降本成果。

在已有产品达到了这种降本效果后，公司开始对新品进行降本设计，材料、工艺方面的革新越做越深入。

小团队的成功证明，降本方法和模式是走得通的。于是，成本工作负责人考虑如何让效果扩大化。首先公司开放内网并开辟了专栏，讲解如何运用价值工程。伍德沃德公司的工程师和供应商都有权浏览这部分内容，恰巧工程师们浏览内网是每天的工作需要。试点成功慢慢地在伍德沃德公司传开，员工们都想搞清楚状况，于是会打开专栏去看。由于有成功的典范，工程师们的抗拒情绪渐渐放下。为了让更多的人参与进来，形成一种降本氛围，伍德沃德公司在网站上设立了一处栏目去收集建议，这个页面只能输入。设立这个栏目后，设计部门、制造部门和供应商都可以把自己的建议放上去，形成了线上改善社区。

全员改善的氛围自此兴起，2013 年，伍德沃德公司组织核心工程师对高成本零件进行重新设计，一些关键零部件甚至找到了多达六种的替代性方案，且都既能保证性能又能降低成本。基于这些成功的案例，2014 年，公司开始全力投入到降本工作中。

本身是供应商的伍德沃德公司，也用对待自己供应商的那套方法来改变自己。他们主动地设计了一个成本更优产品给他们的上游客户，可喜的是客户欣然接受了他们的设计，双方在降本的层面实现了双赢。伍德沃德公司实现了由点到线、由线到面逐步推进规模降本的过程。

（3）丹尼斯科公司

如果降本可以形成一种企业文化，一定跟企业高管的推动密不可分，丹尼斯科公司就是其中的典型。丹尼斯科公司是一家专业从事传感器研发和制造的跨国公司。在公司 CEO 换届之前，高层一直想降低产品成本，却一直没有起色，直到新任 CEO 约翰的到来，扭转了这一局面。在之前任职的公司体会过 DFMA 方法论优势的约翰，先是成立了降本小组，又购买了 DFMA 软件，同时派负责产品降本的人员到 DFMA 用户年会去学习。随后约翰亲自督促设计降本工作的落实，从产品选择、分析到头脑风暴输出设计点子，约翰都亲自参与。CEO 的直接参与让设计降本推动工作有效且快速。公司降本成果落地后，又继续带着供应商做设计降本工作，真正做到了上下联动。

由于 CEO 对成本工作的重视，丹尼斯科公司的成本部门从一个职能部门上升到了战略型部门，由 CEO 亲自督导。产品的目标成本必须经过 DFMA 方法的详细论证，才能最终被确认。每周必须汇报设计成本的达标情况，保证产品在功能和成本之间达成一个平衡。

由于成本工作卓有成效，丹尼斯科公司的产品价格在同行业中保持着一个较低水平，品质却是一点儿都没有受到影响。本来业绩不算突出的丹尼斯科公司，由于成本工作的顺利开展，顺利打开了局面，在业内的领先地位一直保持到现在。设计降本的基因被固化下来，深入到所有相关部门，成了该公司员工都必须遵守的规则。

这些昔日的客户已经成了 BDI 公司的合作伙伴，丹尼斯科公司的几位推动 DFMA 的高管都成了 BDI 的名誉顾问和特约讲师。

在近 40 年的时间里，BDI 公司主办的 DFMA 用户年度峰会吸引了众多企业参加，有很多公司连续参加 10 年以上。在这个峰会上，除了可以学习、分享具体应用案例，各个公司还会一起探讨在组织、制度、文化建设方面如何更好地开展成本工作。常年参会的企业会逐渐形成合作关系，经常相互分享有益的信息，甚至在一些具体项目上达成合作。如图5-2所示为美国DFMA峰会案例沟通现场。

图5-2　美国DFMA峰会案例沟通现场

在这样的良好氛围下，有些企业甚至愿意分享材料、工艺、设备等方面获取的数据，共同丰富成本数据库，由此形成了一种完善的生态体系，与成本工作相关的很多信息都能方便地得到。

3. 我国DFMA方法应用环境及努力方向

反观我国，类似上述的生态形成尚需时日，大部分国企、民企在产品成本管理方面的积累不足。

首先缺乏相关数据的积累，无法有效构成产品的成本模型。没有成本模型，制定目标成本的时候就只能靠经验粗略估算，这种估算的不准确，导致市场定价的依据也不准确，预期的利润多数会出现缩水。

其次，对设计降本的重要性认识不足。设计降本最好的介入阶段是研发阶段，特别是在概念设计的时候。但往往研发部门的相关人员并不把成本设计当成他们的必要工作，他们只负责功能设计，至于降本被认为只是采购部门的事。

研发阶段降本是投入最小，见效最大的，到了量产阶段，降本投入大，但是降本效果却相去甚远。对研发降本重视不足，是无法从根本上解决产品的成本问题的。

再次，产品成本管理人员的知识结构和能力水平参差不齐，且缺乏完善的流程管控，使得成本管理工作难以深入。降本离不开成本分析，成本分析需要了解产品设计原理，也要了解材料、工艺的专业知识，还需要懂得供应商实际生产所涉及的各种条件，所以要求成本管理人员是掌握各种知识技能的复合型人才。如果没有专门的培养，很难在现有的传统部门中找到这样的人员，也难以让任何一个现有部门独立承担成本工作。比如，由财务人员负责成本工作，表面看更有效，但是因为财务人员对技术层面的知识了解不深，上手也会比较慢。成本工作需要既懂技术又懂财务的人独立完成，这也是本书多次强调成立成本工程部的原因。

我国很多企业目前还是更愿意通过与供应商谈判降价来降低产品成本。在缺乏有效的成本估算手段和真实的供应商数据的情况下，商务谈判往往会变成简单粗暴的压价，既难谈成理想的价格，又容易造成甲乙双方的对立，不利于双方长期的合作。

近年来，已经有企业开始反思这些问题。自 2019 年开始，可以从汽车、家电、通信等多个行业看到，我国有不少企业开始思考如何构建自己的成本体系，包括集团公司内部以及供应商系统的成本体系都在考虑的范围之内。

尽管我国应用 DFMA 方法的时间不长，但是在不少企业，成果还是很显著的。至少在观念上，许多企业已经发生了变化。以前企业面对咨询公司谈到产品降本时，往往会问：你们有行业经验吗？你们积累的数据有多少是针对这个行业的？你们与这个行业里的供应商关系如何？也就是说，以前企业习惯强调自己所处行业的特殊性，认为供应商侧是降本的最大机会，成本数据也最好能直接反应行业产品的典型成本。现在，很多公司的观念变了，因为他们现在意识到，无论他们从事的是哪个行业，产品的成本主要取决于设计方案，而设计方案决定了产品零部件制造和装配的方式。从所需要的数据看，与产品制造相关的材料和加工工艺数据是核算产品成本的基础。这些数据的行业属性的特点并不明显，更多的是与各种制造工艺相关。对这些数据的重视，才是关注产品成本相关数据的正确方式。如果还是要从供应商侧降本，也要从更科学合理的数据入手，更准确地估算供应商提供的产品，在此基础上去谈判采购价格。如图5-3制造企业中产品成本的分布概况以及DFMA的影响所示，当设计时考虑了面向装配的设计和面向制造的设计时，产品的材料成本和加工成本才有可能达到最合理的水平。

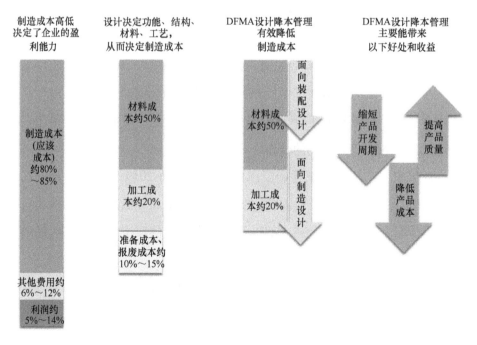

图 5-3　制造企业中产品成本的分布概况以及 DFMA 的影响

对于我国企业来说，已经转变为开始真正关注产品设计对成本各方面的影响，对成本相关的数据也已经有了正确的认识。再进一步，我国企业应该开始搭建以成本数据为基础的产品成本管控体系。

要满足整个研发流程管控成本的需求，我国企业需要从以下几个方面去努力。

1）不断扩充企业自己的成本数据库，在研发过程中就可以比较准确地评估产品设计方案所对应的产品应该成本。这样的成本数据库须从材料、设备、工艺等基础层面进行建设。图 5-4 所示为成本数据库中关键成本因子——物料、人工和机器费率数据的获取方式；图 5-5 所示为部分材料数据库（DFMA 软件）。

物料费率

- 供应商/OEM工厂报价
- 合约价格
- 市场价
- 相关公开网址：
  - 钢铁：Chinaccm，Mysteel，Custeel
  - 树脂：CMAI，chemorbis，icis
  - 玻璃：SCI99
- 相关金融市场网址：
  - 伦敦市场交易所
- 相关财务指标：
  - DJUSST，DJUAL，BESTEEL :IND

人工费率

- 由供应商提供
- 根据供应商信息计算
- 根据政府发布数据计算

机器费率

- 由供应商提供
- 根据供应商信息计算
- 参考当前数据库

定期更新各项费率	
物料费率	每6个月(1月和7月)
人工费率	每12个月(1月)
机器费率	每24个月
汇率	每12个月(1月)

图 5-4　成本数据库中关键成本因子数据的获取方式

2）着手建立属于企业自己的成本模型，结合对供应商的细致调研，不断增强成本核算能力。企业应本着与供应商双赢的理念，与供应商形成长期良性合作关系，共同从产品设计源头做起，结合对生产工艺的不断优化，帮助供应商做到实质性的降本，实现商务降本。

3）真正从研发端开始推动产品降本工作，而不是只盯住供应商价格。企业应从设立产品目标成本开始，以规范的流程管理目标成本达成的过程，推动产品开发全流程成本优化工作。

4）企业与企业之间应通过各种渠道或方式交流在产品成本优化方面

图 5-5　部分材料数据库（DFMA 软件）

的实际经验，在未来逐步形成一个可以长期交流、分享与合作的平台。

我国许多企业具有了从设计源头降本的意识后，在不久的将来会有更多企业在产品成本优化方面苦练内功，不断取得成本节省的收益，然后从各行业内部逐步扩展到跨行业领域的横向和纵向围绕产品成本优化的合作，让最重要的资源，即成本相关数据可以在大范围内共享，逐步形成一个可以顺畅地交流设计降本经验和数据的生态网络。将来成本工作生态网络的形成，标志着我国各个行业企业在产品成本优化和设计创新方面水平的全面提升。

5.2　技术发展带来的新机遇与新挑战——计算机辅助工程、数字化设计、数字孪生、人工智能的影响

产品创新大方向是什么？企业的研发人员如果没有好想法怎么办？怎

么提升研发人员的创新能力？产品质量怎么保证？在做到优越的性能质量的同时，产品成本该如何平衡？品质如何保证？要解决这些问题，企业应充分了解和利用技术发展带来的新机遇与新挑战。

产品创新需要基于产品的发展战略，并规划出一条清晰的路径，沿着路径逐步实现创新的过程中还需要有效的方法论来支持。如图 5-6 所示为企业创新战略及系统化实施路径，在战略引领下，需要从市场和技术两个方面把握机会，并结合对标，挖掘融合式创新机会。在具体寻找创新想法时，结合科学有效的创新方法如发明问题解决理论 TRIZ 来取得突破。

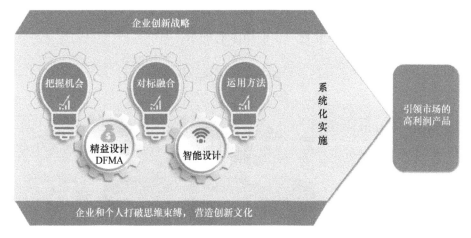

图 5-6　企业创新战略及系统化实施路径

企业的产品创新应与创新发展的主方向结合，同时控制好研发成本，并与智能技术结合提升设计水平。

DFMA 是管理好产品成本非常有效的方法，在与价值工程结合之后，可以更好地帮助研发人员在探索产品创新的同时，合理地为产品的各个功能模块分配成本，并通过改善可制造性和可装配性，进一步降低生产和供应链的成本。这样，产品可以达到更高的性价比，在市场上成功的机会就会更大。

随着近年来计算机辅助工程、人工智能（AI）的快速发展，产品设计迎来了一个全新的发展阶段：通过超算仿真加上人工智能设计来提升研发效率，提高产品性能。在产品创新架构中，将这个产品设计方向定义为"智能设计"，它正在成为提升产品创新的一个重要手段。

当产品设计可以借助超级计算机的强大计算能力时，很多以前无法想象的、需要大量和复杂数据计算才能做好的设计，逐渐在很多企业中成为现实。

如图5-7所示为面向数字工厂产品设计的技术要素，在数字化、智能化发展的大趋势下，企业结合应用高性能计算机、数字孪生以及先进制造技术，会使产品设计提升到一个前所未有的水平。

图 5-7　面向数字工厂产品设计的技术要素

（资料来源：俄罗斯圣彼得堡彼得大帝理工大学）

以整车设计为例，从全车的性能、安全、操控等各方面的指标要求开始，到各个子系统、分模块的具体参数要求，需要计算的参数可以达到上万个，要改动其中一个参数，相关联的很多参数也要随之改变。如果要做全面的优化，总的计算量是极其巨大的，因此，使用超级计算机，可以大大缩短计算时间，甚至把以前完全无法完成的计算和优化工作变成可能。

如图 5-8 车身设计优化流程所示，车身的设计从考虑整体性能要求开始，再考虑与其他模块如底盘的结合界面的局部参数要求，综合评估需要在超过 30 个位置做具体优化。中间涉及的关联参数达到 20000 个以上，主要的计算和优化工作是在超级计算机上结合各种设计仿真软件的使用来完成的。

在具体零部件设计时，结合 AI 的机器学习技术，设计优化过程可以趋于完美。在给定了零件设计参数目标后，超级计算机可以先自动生成一个拓扑造型，在仿真时可以满足要求。一开始的造型形状有可能因为结构特殊，除了 3D 打印以外，常规的生产方式无法实现。目前 3D 打印既慢且贵，不适合大规模量产，所以还需要让这个造型符合实际量产工艺的可制造性要求。在输入了实际生产工艺的要求后，通过超级计算机再次优化零件结构设计，最终形成一个符合量产工艺的造型。在仿真验证时，可以加上成本约束条件，使产品设计时同时兼顾合理的成本实现。图 5-9 就展示了这样一个典型的设计优化例子——汽车部件优化设计。

这样进行优化设计后的汽车结构件，其中有接近 90% 的零件不需要实物验证，就可以投入量产，这样产品实现的周期可以大幅度缩短。如果所设计的是一台平台车，所有的设计参数都经过了企业数字化设计系统的优化，并且留下全套的数字化设计方案。在此基础上再设计一台新平台车，结构化设计的部分大约只需要三个月就可以完成。这无疑是汽车设计的一大突破。

数字孪生是一个实体物或系统的跨越生命周期的虚拟代表（副本），它使用实时数据以及其他手段来赋能学习、推理以及动态调整，以提高决策水平。

数字孪生不仅仅是 3D 数模这样简单的一个数字模型，也不仅仅是用来做仿真验证的。作为产品的虚拟化副本，它可以在仿真优化、生产实现、实际使用监控以及维修维护方面发挥传统方式无法实现的作用。

图 5-8　车身设计优化流程

（资料来源：俄罗斯圣彼得堡彼得大帝理工大学）

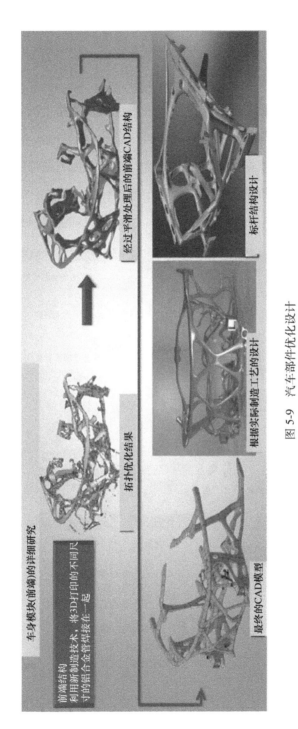

图 5-9　汽车部件优化设计

（资料来源：俄罗斯圣彼得堡彼得大帝理工大学）

通常，数字孪生是伴随产品的实际设计过程生成的，它在设计阶段确实是被用来做仿真验证以及优化的。到了生产阶段，数字孪生直接可以作为生产的依据来帮助实现产品。更为重要的是，在产品实际使用和维护阶段，它能够带来一种全新的体验。比如，未来行驶在道路上的汽车，都可以通过与一个云平台的远程连接，实现实时状态的数据传送，而在远程的监控服务平台，就可以依据数字孪生的信息，结合上传的数据随时进行远程诊断，及时预见汽车所需要的维护，防止因各种故障造成的问题甚至事故，如图 5-10 所示。某些比较大型的设备，如电梯，在需要维修时，如果

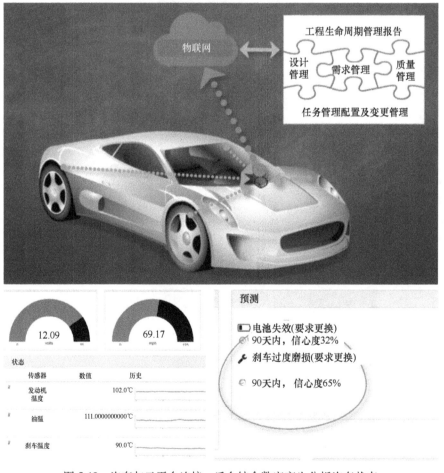

图 5-10　汽车与云平台连接，后台结合数字孪生分析汽车状态
（资料来源：https://www.challenge.org/insights/digital-twin-in-design）

现场维修人员专业度不足，可以通过远程连接专业维修人员进行实时远程指导，而承载产品信息的数字孪生，可以为维修人员提供问题分析的依据，帮助快速排查问题点，如图 5-11 所示。

图 5-11　数字孪生在电梯维修时的应用（通过 VR 眼镜查看电梯数字孪生数据）

（资料来源：德国蒂森克虏伯电梯公司 https：//www.youtube.com/watch？v=biNebig1gUI）

各种数字化、智能化技术手段应用到产品设计中，无疑提升了研发效率和质量，也增强了产品全生命周期服务的能力。同时，在产品设计过程中对成本和可制造性的关注依然不能放松，需要持续应用 DFMA 方法来实现设计降本。

5.3　让设计降本成为一种"信仰"

近年来，精益生产的理念和方法在制造业已经深入人心，很多制造业企业言必称"精益生产"，这俨然成了他们的一种"信仰"。很多企业成立了自己的精益推进办公室，在一些省市也会看到有咨询公司或企业举办的精益道场，精益生产推进工作一幅如火如荼的景象。

精益生产的最终目的是提高生产效率、消除浪费、节约成本。然而，对于制造型企业而言，考虑节约成本和提高效率，在生产线上固然可以发现很多改善机会，但是由设计决定的因素，包括生产需要投入的设备、工装，以及产品上用到的材料，单纯靠生产端是很难改变的。因此，如果没有设计上的降本考虑，难以真正实现生产的精益化。

DFMA方法的理念是从设计端做到产品的精益化，如果再与精益生产相结合，就可以让精益化进行得更加彻底，让产品降本贯穿产品开发到落地的全流程。正如本书一直强调的，设计阶段决定了产品大部分的成本，要强化对设计降本的信念，甚至应将其上升为一种"信仰"。唯有信仰，才能持久地推动企业前行，才能在遇到困难时有勇气和毅力去克服，达到企业想要的目标。

DFMA方法在欧美推行超过40年，在很多欧美企业，用DFMA实现产品设计降本，确实已经上升到"信仰"的高度。为什么DFMA方法论的创始公司要连续举办近40年的DFMA交流年会？因为大家已经达成了"设计降本"是最好的降本方式这样一种共识。年会是最好的学习机会，也是最好的验证降本成果的平台，这是设计降本界的"华山论剑"，从业者必心向往之。

念念不忘并孜孜以求，慢慢地就会形成"信仰"。有信仰的人，能从他们的眼睛里看到不一样的光。在那些常年参加DFMA年会且上台分享的代表的眼里就有这样的光，那是因为他们相信，再加上他们实践的成功加深了这种相信，这种相信进一步推动着他们的实际行动，也推动他们去影响其他人。这些代表在分享他们企业的成功案例时，虽然也会谈到困难和挑战，但是他们谈的更多的是如何想办法更好地运用DFMA方法去克服困难，解决一个个问题。绝大多数上台分享的代表谈到的案例都是从产品设计端如何通过DFMA方法取得更大的降本收益，没有人质疑DFMA方法论本身，也很少有人谈到比较"省事"的办法，比如直接去找供应商谈价。从设计端想到的各种方法，更容易产生真正优秀的产品，成本合理的同时，品质优异，这是真正激动人心的地方。

希望我国的制造型企业也能培养这种"信仰"，真正沉下心来思考如何从设计源头挖掘产品成本节省的机会。近年来，在一些走在前面的企业已经可以看到这样的势头，产品开发相关人员逐渐有了这个"信仰"，大家主动地去学习知识、发现问题、解决问题。类似 DFMA 峰会这样的交流形式也被移植到了中国，国内的企业也可以聚在一起，通过案例分享和交流的形式相互学习和借鉴，有些企业也找到了相互合作的机会。

自 2013 年开始，科理公司将 DFMA 概念引入国内，目前工作坊在全国的开展情况见表 5-1，涉及的行业超过 20 个。从工作坊指标看，"整体降本""紧固件减少""零件总数减少""装配效率提升"等在历次工作坊中成效占比最大。

表 5-1　DFMA 工作坊在全国的开展情况

DFMA 工作坊实施次数	235	累计企业内部工作坊 172 次，公开课 61 场，DFMA 峰会 2 场
DFMA 工作坊涵盖行业	20	包括汽车、发动机、航空航天、轨道交通、家电、小家电、电子电器、光伏、重型机械等
降本有效性占比	100%	降本在企业内部工作坊都可实现
分立紧固减少占比	67%	以螺钉、螺母等为代表的分立紧固件减少
零件减少占比	52%	非核心零部件减少在工作坊中经常出现
操作步骤简化占比	71%	产品简化带来的直接作用是装配简单

在很多企业内部，设计降本活动在以各种形式积极地展开。在把设计降本这件事做得卓有成效，克服了一个个的困难，取得了实际收益后，一种坚定的"信仰"也就逐渐形成了。有心人甚至会用一些特殊的方式来纪念在设计降本之路上取得的成果，如图 5-12 所示为中兴通信的一位工程师在参加了一个内部设计降本项目，并取得成功后，为自己和每位团队的同事定制的一把特别的尺子，既记录了设计降本这种变革带来的产品上的成效，也真心纪念了作为一个团队，在项目过程中精益求精、乐于挑战、高

度协作、永争第一的精神。

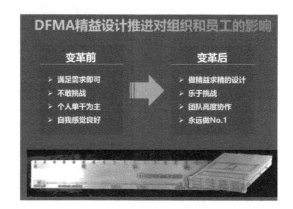

图 5-12　中兴通信的工程师定制的纪念品

设计降本需要改变的力量，更需要信仰的力量。

Chapter 6

第6章　降本设计的 具体方法应用

6.1　面向装配的设计——DFA

6.1.1　识别最少零件

在企业通过设计改善产品的项目中，有60%以上集中在装配问题上，体现在消除紧固件、零部件和最大限度实现产品结构一体化等方面。应用DFA方法在设计时解决好装配问题，对产品的影响非常显著，不仅可以提高生产装配效率，对产品成本的影响也很大。

应用DFA方法简化结构，更利于装配，如果生产方计划采用大规模自动化生产，结构简化尤其重要，设计出来的产品一定要能很容易地装配。经过优化的产品由于零部件数量的减少，可靠性更强，品质更容易得到保障。

自动化生产、产品品质稳定是现代企业追求的目标。那么如何实现这个目标呢？首先要从识别最少零件着手，什么是最少零件？就是核心存在的，不能从功能上被删除的零件，其他零件理论上被认为是可消除的零件。

识别最少零件有几个要点，参考图 6-1 所示的理论最少零件数量判断流程。

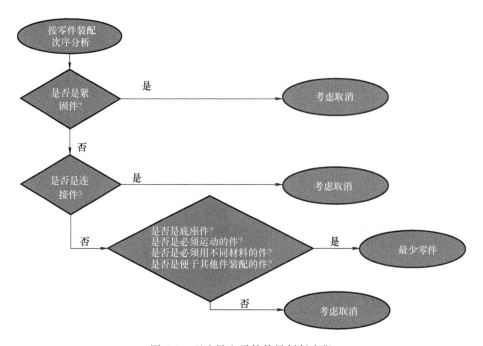

图 6-1　理论最少零件数量判断流程

对最少零件判断流程进行说明如下：

1）按零件装配次序分析。将产品中各个零件的装配次序梳理清楚，这是判断的前提，分析每个零件时需要参照在其之前已经装好的所有零件。

2）判断是否是紧固件。紧固件是指那些仅用来紧固其他零件的零件，如螺钉、螺母、垫片等。这些零件往往会占用很多装配时间，且需要特殊工具。紧固件在产品使用中容易出现生锈、松动甚至脱落等质量问题。有人做过统计，一个紧固件的装配成本能达到制造成本的五倍以上。所以，设计降本时需要考虑在产品中少用甚至不用这类零件。

3）判断是否是连接件。连接件是指那些用来连接产品中两个点，从而传送物质或能量的零件。典型的连接件包括传动带、链条、电线、气体或液体传输管、弹簧等。这类零件通常都不太方便装配，而且在产品使用过程中也容易出现由于老化或者移位带来的质量问题，所以，与紧固件类似，应该在产品设计中尽量少用或者不用这类零件。

4）判断是否是底座件。底座件通常是装配流程中首先放入的零件，其他零件都在其上安装，所以是必不可少的零件。

5）判断是否是必须运动的件。如果零件相对于在其之前安装的所有零件都是运动的，这个零件就必须保留。这种运动往往执行了产品的某种必备功能，如汽车发动机中的活塞。

6）是否是必须用不同材料的件。如果零件相对于在其之前安装的所有零件，必须用不同的材料，即需要利用该零件所用材料的某种特性实现产品的某种功能，这个零件就必须保留。例如，导电材料必须用在电线中。

7）是否是便于其他件装配的件。有一种零件如果与邻近的零件一体化，会影响其他零件的安装，如一个电控盒的盖子，如果与盒体一体化，盒内的零件就无法安装，所以盒盖要与盒体保持分开而单独存在，以便于其他件装配。一个更简单的例子如水杯盖，需要与杯体分开，待水倒进杯子后盖起来，不可能是先盖盖，再注水，所以杯盖相对于杯体来说是必须单独装配的。

6.1.2 零件装配困难分析

每个零件装配都主要分为抓取、对齐和紧固三个步骤，每个步骤的完成时间都决定了装配的效率。因为分析的目的是发现设计上存在的不利于装配的问题，所以在分析时，假设所有的装配都是人工完成的，不考虑自动化设备的装配方式。

1. 零件抓取分析

零件装配的第一个动作是抓取，抓取难易直接影响抓取时间，有的零件的抓取要考虑使用工具，以及需要用几只手抓取。这些问题都会带来不同的装配成本。

零件的尺寸和重量对抓取时间的影响非常明显，在分析时需要先做相应测量，有特殊尺寸或重量的零件还要考虑一些特殊工具的使用。

在抓取零件时，还要判断零件的设计特征，比如它是否有尖锐的边角，是否是湿滑的、是否是高温的、是否是易碎的。为什么要做这些判断？有些零件短且尖锐，操作不慎很容易扎伤，必须小心操作，势必会降低装配效率。产品设计的时候要尽量避免设计出带有锋利边角的零件。

有些零件必须带油操作，湿滑且不容易抓取，必须要相应考虑有没有更好的解决方案。有些零件因为磁性或黏性而会在料盒中粘在一起，影响抓取时间，也要在设计时尽量避免。

一些柔性零件，如电缆、软管等，在抓取时需要考虑不会挂碰到其他地方，在拿取时需要用双手托住；有些柔软不易拼接的件，例如洗碗机机底的衬垫，柔软不易成型，对这些零件应考虑其他设计方式，以免影响装配效率。

有些零件由于柔性或者结构特点，容易在料盒中缠绕或者嵌套在一起，如电线、弹簧等零件，需要在设计时考虑怎样避免它们相互之间缠绕到一起。

2. 零件对齐分析

零件装配的第二个步骤是将零件与其在产品上的位置对齐。为了方便对齐，首先考虑的是零件要有对称性。有些零件采用的是完全对称的设计，不存在特殊的装配方向，怎样插接都是合理的。有些设计采用的是不对称设计，且不便于识别。比如，有些钥匙就有此类问题，所以近些年来钥匙的形状不断改进，就是为了尽量避免开锁时的对齐问题。

如果零件没有对称性，且各个方向的差别不明显，就容易在装配中发生装错方向的问题。所以在设计时要考虑防错设计，要么将零件设计成完美对称的，怎么装都不错；要么将零件设计成明显不对称的，只有对的方向可以装下去，这样就不会装错。

除了零件的对称性，实际对齐过程中可能还有别的困难。例如驾驶员座椅导轨的固定螺钉，它所处的空间很局促，想象一下装配工安装它的画面，可谓严重视野受限、通路受阻，这两种问题也是对齐会遇到的典型问题。

更换轮胎时将备胎向车上对应的孔位装上去需要很大的力气举起，需要歪头寻找孔位，需要上下左右旋转备胎去对准每一个孔位，错一个都装不上。

如果所设计的零件在产品装配时如同上备胎一样麻烦，装配工是会很烦躁的。

产品零件设计时，需要考虑从以下方面来避免零件对齐困难。

1）设计定位特征，比如设计有明显的凸起、卡槽、倒角等。

2）如果零件有多个插入点，需要考虑设计导向槽或者定位柱来帮助快速定位。

3）零件与旁边零件要留出足够的间隙，否则会不利于人手或工具的操作。

4）避免零件间的插接力过大，否则装配工人会极易疲劳，而且也会有质量风险。

5）通过设计导向结构，并尽量放宽公差，避免零件在插接半路挤住或卡住。

6）尽量保证零件对齐后可以保持结合位置的稳定，比如零件自带紧固结构，或者零件安装的位置不受外力的影响。如果结合位置未固定，意味着装配人员不仅要对齐零件，还要用手或夹具稳定住零件，既麻烦，又容易出装配问题。

3. 零件紧固分析

紧固操作在产品装配中占比是非常大的，每对彼此有装配关系的两个零件都需要某种紧固方式固定。紧固可选择的方式有很多，未必非要选螺钉螺母这样独立的紧固件。

可装配性高的零件设计，在紧固方式的选择上通常会选择让零件自身具备紧固特征，比如在零件上设计卡扣结构，或者自带螺纹等。这样的零件，在对齐之后可以直接固定住，而不需要额外的操作，这类零件是一次操作就可以固定的零件。能够让零件在装配时只需一次操作就可完全固定，应该是设计时优先考虑的紧固方式。如果零件自身没有紧固特征，就需要在对齐后再通过使用紧固件，或者一些特殊的装配工艺如焊接、冲压、舌片扭转等来完成紧固，这些操作统称为二次操作。如果零件在对齐后不稳定，比如从产品侧面安装的零件还需要扶住才能保证它不会在固定前脱落，就要用手或夹具先暂时固定，再通过二次操作最终固定。这样的零件会增加装配时固定所需的时间和成本，设计者应该谨慎考虑。

如果拆解足够多的产品，甚至有意去进行跨行业产品分析，可以发现很多巧妙的紧固方式的设计。如图6-2所示为用DFMA软件判断紧固方式。如图6-3所示为车门上的按压紧固件，这是一款可以按压且卡接的紧固件，常见于汽车车门，装配时没有拧紧的环节，只需按压紧固即可，紧固件前段紧固到位之后可以膨胀，实现较好的紧固效果。这种设计让装配时没有对位的环节，可靠性较高，是值得借鉴的紧固方式。

通过以上对零件可装配性的分析，判断装配难易程度，发现产品在设计上可以改进的机会，然后再通过设计的改变去改善。这个分析过程要求设计人员真正从实际装配过程出发，针对产品实物反复研究，而不是仅靠

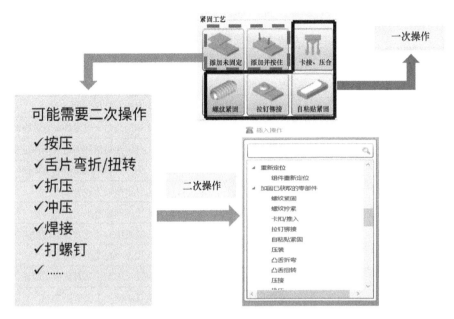

图 6-2　用 DFMA 软件判断紧固方式

图 6-3　车门上的按压紧固件

想象纸上谈兵，所以有产品实物可以用来做拆解分析是非常重要的。虽然
这个阶段的分析工作会比较耗时，甚至会让不少进行分析的设计人员感觉
繁琐枯燥，但是分析确实是发现产品可装配性问题的最好的机会，也是挖
掘降本机会的最好时机，所以尽管耗时，分析是非常值得的。表 6-1 为零
件装配问题汇总，当结合这张典型装配问题分类梳理表，每次分析产品的

可装配性时不会轻易有遗漏，可以抓住更多改善设计的机会。

表 6-1 零件装配问题汇总

装配步骤	要　求	困　难	装配困难对应的设计问题
拿取	是否可以单手拿，还是需要双手拿甚至两人一起拿 是否需要工具辅助	嵌套或缠绕	零件开口处容易相互嵌套
		容易滑落	零件表面光滑，且尺寸过小
		需要小心操作	零件有锋利的边角，或零件本身较脆弱
		需要打开包装	零件过大或因为易损坏而需要单独包装
对齐	最好能够自动对齐 不需要太多调整越快越好	没有导向	零件没有设计导向特征如倒角、导向槽等
		受到较大阻力	零件安装界面摩擦力较大
		与周边发生干涉	零件与周边的间隙过小，空间不足
		通路受阻	零件结合通路中有其他零件或结构阻挡
		视野受限	零件结合位置有视线阻挡
		不对称且容易装错	零件防呆设计不足，不对称性不明显
		需要支撑重量	零件过重且不能一次安装固定
		插入深度过大	零件过长或者插入通道过长
紧固	最好可以紧固自身 最好不需要工具	不能一次固定	零件自身没有紧固结构
		紧固前需要按住	零件不能紧固自己，且安装位置不稳定

6.1.3　产品简化设计

产品设计时应该在完成功能要求的前提下尽量简化，用最少的零件、最容易的生产方式实现产品的功能，避免任何不必要的复杂性。在 DFMA 多年的应用实践中，很多企业总结出了产品简化设计的原则和指南，下面列出被广泛使用的产品简化设计十大原则，如图 6-4 所示。

在这十大原则中，有一条特殊的原则是简化设计的重要基础，即跨职能团队合作。产品研发不仅仅是研发部门的事情，市场人员可以参与评估产品是否满足客户需求；生产工艺人员可以判断产品的可制造性和可装配性是否足够；售后维护人员可以提出原有产品出现过的问题，并判断新产品方案是否可以避免原来的问题；采购人员可以评估供应商是否有能力完成产品方案所要求的零部件。这种跨职能团队合作需要在产品设计的早期

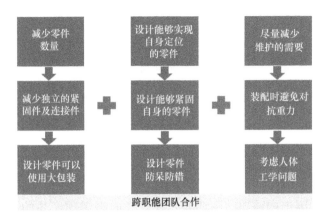

图 6-4　产品简化设计十大原则

概念阶段就开始，让来自各方的人员针对设计方案进行基于各自专业的讨论和判断，尽早发现并改正设计方案中的问题。

贯彻"减少零件数量"以及"减少独立的紧固件及连接件"这两条原则是简化设计的重点，例如减少零件的种类（如紧固件的规格数量），可以显著地降低产品的总体成本。

设计零件可以使用大包装的原则是指同样规格的零件应该可以不带小包装放在同一个大包装如零件盒内，而不会发生缠绕、嵌套、磕碰、划伤等问题。这就要求零件在设计时要考虑如何避免这些问题。比如弹簧的设计，如果要避免弹簧放到一起时不会相互缠绕，就要让弹簧丝之间的间隙小于弹簧丝的直径，而且两端的挂环尽量设计为闭口而不是开口的形状。比如考虑零件采用的材料以及表面处理的情况，应尽量避免使用让零件变得脆弱易损的设计，例如注塑件通常不需要表面处理，也比较耐磨。

设计能够实现自身定位的零件，是指在零件上设计帮助定位的特征，如倒角、定位柱、定位筋等。这样的零件在对齐的时候，只需要凭借触觉就可以准确定位，不需要在眼睛看着的情况下反复调整对齐。

设计能够紧固自身的零件，是指在零件上设计卡扣、螺纹、拉铆结构等特征，装配时可以通过一次操作就固定好。这样可以省去单独的紧固件，或者省去其他完成固定的操作如焊接、冲压等。

这里的设计零件防呆防错是指在装配时零件不会被装错，特别是方向错误。最好的防呆防错设计的零件，应该是怎么放都不会错，如各个方向完美对称，每个方向都是正确方向，或者只有对的方向可以装上，错误的方向装不上。

尽量减少维护的需要，强调的是在设计时多考虑产品的可靠性，而不是一味强调可维护性。可维护性一般指如果产品有些模块或零件容易发生故障，在设计时应尽量让产品上的相应部分容易拆卸，维修成本尽量低。有一些产品的某些部分在正常使用一段时间后需要打理，比如空调的滤网。如果是因为产品上某些部分未来会出故障而去强调可维护性，就可能会舍本求末，没有真正从根源上解决问题。正确的思路应该是优先考虑产品的可靠性，把产品的各个模块、零件都在正常使用时间内出故障的概率降到最低。

装配时避免对抗重力是指对于产品的装配来说，最好的安装零件的方向是从上往下放置，这样的方向顺应重力方向，最省力，也减少了使用特殊工具的需要。想象一下，如果在产品的侧面有一个较长的螺钉，就需要尽力保持螺栓的水平度，防止螺钉头在进到螺孔前下垂，需要增加辅助定向的工具如套管，这就是对抗重力，这样必然要付出更高的装配成本。

考虑人体工学问题是指设计产品时要考虑零件的装配方式对于装配工人来说轻松且易于操作，符合人的生理特点，不会要求装配工为了装好零件必须做出各种容易造成疲劳甚至受伤的操作。比如视野受限时，装配工不得不靠手部的摸索才能把零件装到位；又比如要求装配工不停地弯腰搬重物，或者做很多身体扭转拉伸的动作，或者让装配工不断地用手指用力按压，等等。这些动作做多了都会不同程度地造成对装配工的伤害。在设计产品时充分考虑人体工学，让产品的装配过程对工人更加友好和安全。

还有一些类似的设计原则和方法，本书不详述了。如果能坚持在设计中运用这十大重要原则，在很大程度上能保证产品的可装配性。在实际工作中，随着运用 DFMA 方法的逐步深入，开发人员自己也可以总结一套符合自己产品特点的设计原则。运用这些原则的最终目的是能够让产品易于装配，总体成本达到最低。

对于产品的简化设计，除了运用设计原则，善于提出问题挑战现有的设计也是同等重要的，因为任何改变从来都是因为对现状不满意才会发生。在分析产品寻找降本改善机会时，应该秉持一种质疑的态度，挑战现有设计的合理性。一个好的问题，往往可以挖出好的机会。图 6-5 列出了一些产品简化设计可参考的问题。

1、这是什么？
2、这是干什么用的？
3、质量目标是什么？为什么这样设定？
4、性能目标是什么？为什么这样设定？
5、主体材料是什么？为什么这么要求？
6、结构为什么这样设计？
7、重量能不能降低？
8、为什么不能通用？
9、它的成本是多少？

10、它的价值是多少？
11、有其他方法能实现这个功能吗？
12、新的方案成本多少？功能如何？
13、新的方案能满足要求吗？
14、在市场质量反馈中此件有什么问题？为什么？
15、成本目标是什么？为什么这样设定？
16、进度目标为什么这样紧急？
17、零件供应商为什么只能是这样的范围？

图 6-5　产品简化设计可参考的问题

简化设计的能力能够在不断挑战、不断实践的过程中逐步提高。产品设计人员针对当前产品不断提出问题，运用好的设计原则进行设计，这样坚持下去，就一定能将产品设计得越来越符合可装配性要求，也会带来更多的成本节省。

6.2 面向制造的设计——DFM

6.2.1 DFM 的潜力和意义

面向制造的设计（Design For Manufacture，DFM）是 DFMA 的一个模块，是指怎样设计零件使其能"更加方便"地被制造出来。定义"更加方便"，是理解 DFM 的关键。

图 6-6 所示为 DFM 的三个关键维度，可以从材料、加工和模具这三个维度去理解"更加方便"。DFM 的"更加方便"面向零件的制造成本，其目标是让零件在实现相同功能的前提下达到成本最优。

图 6-6　DFM 三个关键维度

运用 DFM，设计人员在零件设计的前端就去了解成本并控制成本，针对不同零件形状、不同的材料和工艺去核算成本，避免零件成本甚至总体成本超支，避免开模之后因为超预算而去改变零件的设计。

而且，设计人员还可以运用 DFM 去计算零件的应该成本和实际成本，去搭建零件应该成本和实际成本模型。应该成本指的是在理想化生产状态下制造零件所产生的成本，实际成本指的是在供应商实际的生产状态下制造零件所产生的成本。合理运用这两个模型可以帮助企业开启商务降本的新模式，可以很好地支持采购的商务谈判，从而发现供应商报价中的隐藏利润，真正做到有的放矢地去议价。

DFM 不仅支持设计人员进行设计降本，同时还支持商务降本，可以看出应用 DFM 对于降本是一种有效的方法。

6.2.2　制造零件的工艺和材料

材料主要可以分为四大类，包括金属材料、高分子材料、陶瓷材料和复合材料，如图 6-7 所示，同种材料具有相似的性能、制造工艺和应用场合。

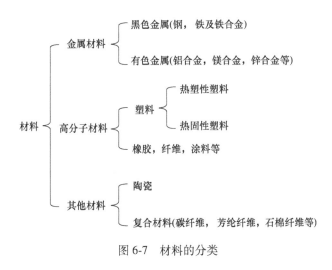

图 6-7　材料的分类

金属材料是指纯金属或者以金属为主的合金，金属材料可分为两大类：黑色金属、有色金属。黑色金属指的是铁或者以铁为基材的合金，比如钢、不锈钢、铸铁等。有色金属指的是除黑色金属以外的所有金属及合金，常见的有铝合金、铜合金、镁合金、锌合金，以及纯铝、纯铜等。金属材料普遍具有良好的弹性模量，容易变形，易于加工，常可以通过冲压、铸造、切割的方式加工成零件。金属材料具有优良的导电导热性，但是不耐腐蚀和疲劳，可以通过热处理或添加其他合金元素，改变其机械性能。

高分子材料也称为聚合物或大分子材料，具有较高的强度，较强的延展性、耐腐蚀性、绝缘性。高分子材料密度低，相同体积下重量比金属轻很多，很多场合可以取代金属，达到降本减重的目的。温度变化对高分子材料的性能影响较大。高分子材料按其特性可分为塑料（热塑性塑料、热固性塑料）、橡胶、纤维等。

陶瓷材料是用天然或合成化合物经过成型和高温烧结制成的一类无机非金属材料，一般是由一种或多种金属元素与一种非金属元素构成的化合物。陶瓷材料具有高刚度和高硬度，具有高熔点和良好的绝缘性，但是韧性差、易碎。

复合材料是由两种或两种以上的材料，通过物理或者化学的方法，组合成的新材料。复合材料的基体分为金属和非金属两种，增强材料主要有玻璃纤维、碳纤维、石棉纤维等。例如，以碳纤维增强的复合材料被广泛地应用在飞机机身上，可以在提供足够强度的前提下减轻飞机重量。

工艺分为初次工艺和二次工艺两类，如图 6-8 所示。初次工艺指的是

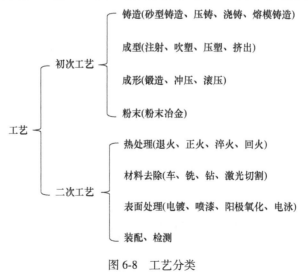

图 6-8　工艺分类

针对原材料的制造工艺，分为铸造、成型等。二次工艺指的是在初次工艺加工完成后进行的加工工序，包括热处理、材料去除、表面处理、装配等，最后得到成品。

工艺对构成零件的材料组成成分、微观结构及缺陷有直接的影响，而材料的性能和可靠性很大程度上取决于以上三点。不同的工艺对应的设备投资、模具投资、生产周期时间是不同的，有的适合小批量生产，有的适合大批量生产，批量大小会影响工艺成本。

6.2.3　零件的成本构成

1. 成本分类及成本构成概述

成本大致可以分为四大类：应该成本、实际成本、行业成本和目标成本。

行业成本指的是零件在市场上的平均价格水平；目标成本指的是在研发阶段为了达成整机目标，财务给采购制定的选点目标价。

这四项成本实际上是互相关联的。以目标成本为例，制定零件的目标成本时，可以用配对比较法，参考零件的应该成本、实际成本、行业成本去制定。

零件的成本构成有以下两种分类方式：

1）按照零件成本的属性分类，零件总成本构成如图6-9所示。

其中，制造成本占零件总成本的大部分，所以是重点研究对象。通过DFM软件可以计算零件的制造成本，如图6-10所示。

2）按照零件的供货状态分类，可以把零件成本分为到厂成本和出厂成本，如图6-11所示。这样区分成本有两个目的，第一个目的是甲方可以按照乙方货物的实际到货状态去付款，减少甲方的付款风险和资金占用，第二个目的是支持采购的年度降价。例如，甲方的采购按照出厂成本作为

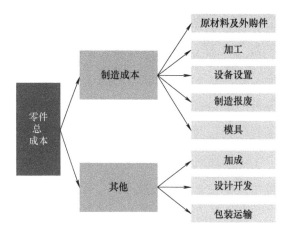

图 6-9　零件总成本构成

成本结果 $

	以前的	当前的
材料	22.1393	22.1393
设置	0.0103	0.0103
加工	6.0060	6.9050
报废	0.1267	0.2585
单个零件	28.2821	29.3130
模具	0.8194	0.8194
合计	29.1016	30.1324
模具的投入	81,944	81,944

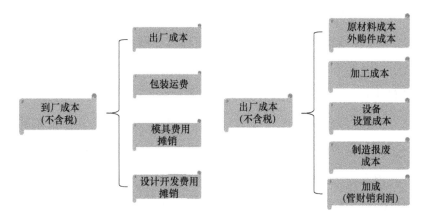

图 6-10　零件制造成本计算示例

图 6-11　零件的到厂成本与出厂成本

基数来与供应商约定今年的年度降价执行 3% 的系数，但在实际的操作中，甲方采购是按照到厂成本作为基数去执行 3% 的年度降价，虽然执行系数都是 3%，但是基数不同，实际给采购带来的降本收益增加了。

接下来，按照属性分类法的成本构成，逐一分析其包含的五项成本的含义以及计算方式，重点详细分析制造成本。

2. 原材料及外购件成本

原材料成本、外购件成本，这两项成本加起来的和可以占到整个制造成本的 30%~40%。

外购件成本指的是 T1 供应商从 T2 供应商那里直接购买的零件的成本，如果是进口零件需要考虑汇率波动、运输和关税的影响。需要注意的是，T1 供应商从 T2 供应商购买的零件价格里面已经包含了 T2 供应商的利润，所以在 T1 供应商的外购件报价中就不应该再加 T2 供应商的利润了，否则利润就加了两次，是不合理的。也就是说，甲方所购买的零件成本中，外购件的加成应该不包含利润，在计算零件的应该成本时，针对外购件也不应该考虑利润的加成。

原材料成本的计算如图 6-12 所示，原材料成本等于坯料成本减去废料回收成本。在设计零件的时候，已经选择好了零件的材料种类，从而决定了原材料单价、废料单价。

除了原材料单价、废料单价外，还有两方面的因素会影响原材料成本，那就是产品的毛重和废料的重量。产品的毛重等于产品的净重加上烧损和损耗，再加上废料的重量。废料可以分为两部分，一部分被回炉利用，不可回炉的部分只能作为废品卖掉。

计算毛重和废料重量的时候需要扣除废料可回炉部分的重量，因为回炉料对零件成本是没有任何影响的，不可回炉的废料部分将作为废料的回收成本。

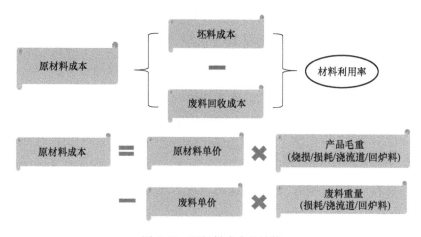

图 6-12　原材料成本的计算

　　废料可回炉和报废的比例与材料种类有关。例如，在保证产品可靠性的前提下，改性塑料大多是无法被回炉利用的，热固性塑料和热塑性弹性聚合物也是无法被回炉利用的。

　　产品的形状在设计的时候已经固定，烧损率和回炉料比例与材料种类有关，除了原材料单价、废料单价、回炉料比例、烧损及损耗率和净重这五个客观因素的影响，废料的重量也是影响产品原材料成本的关键因素，是可以在设计中优化的因素。提升材料利用率，降低废料的重量，可以降低原材料成本，那么怎样提升材料利用率呢？

　　下面以汽车塑料门把手为例，如图 6-13 所示，分析一下怎样在设计中去提升材料利用率。

　　这个产品采用的是注塑成型工艺，在产品设计的时候，需要选择合适的产品壁厚，减少进胶点的数量，从而减少废料的重量。

　　产品的壁厚不能太薄，太薄会影响材料在模具中的流动，流动性差就需要增加进胶点，就会增加废料；产品的壁厚也不能太厚，太厚会增加产品整体的重量，造成原材料成本增加。在选择了合适的壁厚之后，浇流道比例从 30% 降为 20%，废料的重量和成本得到了降低，材料利用率从 87%

汽车门把手
材质: PA66

零件名称	材料规格	材料单价/ (元/千克)	废料单价/ (元/千克)	毛重 /千克	烧损率	净重 /千克
门把手	PA66	22.34	8.94	0.69	5%	0.6
零件的形状不变,优化平均壁厚						
门把手	PA66	22.34	8.94	0.66	5%	0.6

浇流道 比例	回料比例	材料 利用率	废料 重量 /千克	坯料 成本 /元	废料 回收成本 /元	原材料 成本 /元
30%	15%	87%	0.09	16.19	0.80	15.38
⇩	⇧	⇩	⇩			⇩
20%	10%	91%	0.06	15.48	0.54	14.95

图 6-13　汽车塑料门把手提升材料利用率

提升到 91%, 原材料成本得到了降低。

这个案例表明, 在产品设计的时候需要全面综合地考虑产品壁厚对成本的影响, 不要在模具开好之后再来修改产品, 那会造成不必要的浪费。

在计算原材料成本时需要注意如下几点:

1) 严格区分零件的毛重和净重。

2) 需要考虑烧损、损耗、回炉料和废料变卖对原材料成本的影响。

3) 推荐供应商按照原材料单价直接乘以净重来报价, 如果供应商拒绝采用的这样的报价逻辑, 需要严格按照上述公式去计算供应商的原材料成本。

3. 加工成本

加工成本等于人工成本加上制造成本。人工成本算法如图 6-14 所示, 人工成本等于人工费率（人工工时）乘以开模周期, 除以模具型腔数量, 再乘以看机人数。人工费率（人工工时）指的是工人每小时的成本; 计算开模周期时需要考虑工厂效率, 即相同时间内实际产出和理论产出的比例；型腔数量指的模具一模几出；每人看机数量指的是每个工人实际操作设备的数量。

这里计算的人工成本指的是在一台设备上生产一个零件所占用的工人数量，再按照占用工人的时间折算的成本，后面计算制造成本时也是同样的逻辑。要注意区分开模周期和节拍时间，开模周期指的是模具从闭模注料到开模取件整个过程所消耗的时间，而节拍时间指的是每个零件的产出速度，如果是一台设备，那么可以理解为节拍时间等于开模周期除以型腔数量。

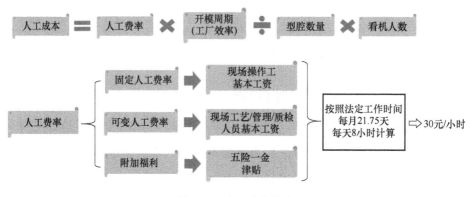

图 6-14　人工成本算法

人工费率等于固定人工费率加上可变人工费率，再加上附加福利。固定人工费率指的是生产线现场操作工的基本工资，可变人工费率是指现场除操作工以外的其他人员的基本工资，如工艺、管理、质检等人员的基本工资。

区分固定人工费率和可变人工费率，是因为生产线现场操作工的配置一般是固定的，根据不同的工艺、不同类型的设备，可以按照固定的分配方式去配置现场的操作工人，这一部分人工称为固定人工。

不同种类零件的工艺是不同的，不同生产线对应的设备数量是不同的，对应配置的工艺、管理、质检人员也是不同的，这一部分人工称为可变人工，可变人工需要根据生产线的实际人员配置去计算。

附加福利包含两部分，即公司购买的五险一金和公司提供的津贴。津贴包括房补、车补、餐补、电话补贴等。附加福利成本所占总成本比例，存在地区性差异，华东、华南地区偏高，西南、东北地区偏低，大概为20%~40%。

按照 2020 年上半年我国的平均工资标准 18 元/小时来计算，平均的人工费率大概为 35~40 元/小时。这个数值也存在一定的地区性差异，不同性质的企业，比如外企和民企之间也是不同的，仅供读者参考。

制造成本算法如图 6-15 所示，与人工成本的算法类似，所表达的含义也与人工成本类似，指的在一台设备上生产一个零件需要占用这台设备的时间所产生的成本。

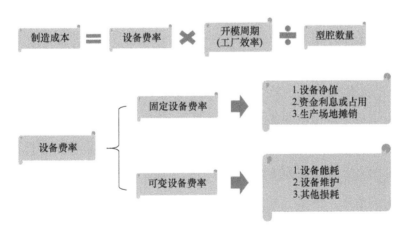

图 6-15 制造成本算法

设备费率指的是设备运转一小时所产生的成本，设备费率分为两项：固定设备费率和可变设备费率。

固定设备费率包含以下三项内容：

1) 设备净值按照设备的设计使用寿命摊销到每小时的成本。在计算设备净值时需要考虑 10%~20% 的设备折旧率。通常情况下，对于非标设备，比如清洗机、试压机、实验台等，按照 5 年进行摊销；对于标准设备，比如压铸机、注塑机、冲压机、CNC 加工中心等，按照 10 年进行摊销。

2）贷款或者全款购买设备所产生的资金利息或者资金占用成本，一般按照每年 8% 计算。

3）生产场地摊销成本是指设备占用生产场地每小时的成本。值得注意的是，生产场地摊销成本应包含其他附属设施的摊销成本，比如冷却塔、暖通设施、中央空调、污水处理设备等。单就厂房而言，一般租用的厂房按照每天 1.2 元来计算；如果是自建的厂房，需要按照当时当地购买的低价来计算。

可变设备费率包含以下三项内容：

1）设备能耗成本，指的是设备水电气每小时的消耗成本，跟设备的设计参数有关系，比如说设备的额定功率，但是要注意，设备在实际运转的时候只会使用大概 70% 的设计能耗。

2）设备维护成本，指的是设备在正常使用期间维护保养所产生的成本，通常可以按照每年设备原值的 3% 来计算。

3）其他损耗主要指的是刀具的损耗，比如 CNC 在机加工零件的时候需要损耗刀具。其计算方法是将刀具的购买成本按照实际的使用寿命摊销到每小时的成本。

如上所述，计算加工成本时都是按照小时费率去计算的。这样计算的好处在于，采用这种计算方法计算出来的结果不会受到零件产量波动的影响；不生产零件就不会占用工人和设备，不占用就没有成本，能够最大限度地保护企业与供应商甲乙双方的利益。

还有一个计算方法，即将整条生产线的投资按照零件的生命周期的总产量来摊销，如果不是专线生产，也可以考虑按比例摊销，该计算结果会受到产量波动的影响。

按照小时费率计算成本时，实现了乙方机器生产一个零件，甲方就支付一个零件的费用，这种计算方式对于甲乙双方来说都是比较公平的。至于乙方可能会出现的产能空缺，乙方可以找其他客户去填补，与甲方关系不大。

如果产品产量很小，乙方不愿意接单，会出现甲方不得不接受按照产品生命周期的总产量来摊销报价的情况。

下面列举了不同吨位的国产注塑机和压铸机的设备费率，不同地区、不同厂家的设备费率是存在差异的，仅供读者参考，如表6-2、表6-3所示。

表 6-2　常见注塑机的设备费率

国产单色注塑机	设备原值/元	设备净值/元	每年维护/元	资金利息/（元/小时）	生产场地/（元/小时）	总功率/kW	设备费率/（元/小时）
40T	128，000	115，200	3，840	1.23	0.53	7	9.73
60T	180，000	162，000	5，400	1.73	0.53	13	15.67
80T	200，000	180，000	6，000	1.92	0.53	17	19.15
160T	260，000	234，000	7，800	2.50	0.88	22	25.01
200T	300，000	270，000	9，000	2.88	0.88	33	34.06
320T	420，000	378，000	12，600	4.03	1.31	58	56.03
450T	650，000	585，000	19，500	6.24	1.31	60	65.15
500T	678，000	610，200	20，340	6.51	1.31	76	77.29
800T	1，200，000	1，080，000	36，000	11.52	2.19	138	139.11
900T	1，350，000	1，215，000	40，500	12.96	2.19	152	153.95
1250T	2，350，000	2，115，000	70，500	22.56	2.63	166	197.79
1800T	4，500，000	4，050，000	135，000	43.20	2.63	230	314.83
3500T	11，000，000	9，900，000	330，000	105.60	3.50	408	658.70

表6-3　常见压铸机的设备费率

国产冷室压铸机	设备原值/元	设备净值/元	设备维护/元	资金利息/（元/小时）	生产场地/（元/小时）	总功率/kW	设备费率/（元/小时）
100T	300,000	270,000	9,000	2.88	0.53	15	21.11
200T	600,000	540,000	18,000	5.76	0.88	20	35.04
275T	975,000	877,500	29,250	9.36	0.88	68	81.24
400T	1,200,000	1,080,000	36,000	11.52	1.31	68	89.23
500T	1,354,000	1,218,600	40,620	13.00	1.31	71	96.51
600T	1,500,000	1,350,000	45,000	14.40	1.31	71	101.41
700T	1,700,000	1,530,000	51,000	16.32	1.31	71	108.13
800T	1,839,000	1,655,100	55,170	17.65	2.19	71	113.68
900T	3,167,560	2,850,804	95,027	30.41	2.19	80	164.62
1200T	4,850,000	4,365,000	145,500	46.56	2.63	225	323.09
1600T	5,750,000	5,175,000	172,500	55.20	2.63	230	356.83
2100T	6,760,000	6,084,000	202,800	64.90	2.63	277	423.66
3000T	13,250,000	11,925,000	397,500	127.20	3.50	284	647.50
3500T	18,000,000	16,200,000	540,000	172.80	3.50	284	807.10

在计算加工成本时需要注意如下几点：

1）核实开模周期。

2）核实设备原值和摊销年限。

3）核实供应商生产线的设备状态是否与报价的情况一致。

4. 设备设置成本

以一台CNC加工中心为例，为了保证零件加工尺寸的稳定性，CNC在加工一定数量的零件之后，需要人工对CNC进行调机。在整个调机的过程中，设备需要运转，同时有人参与，所以也会相应产生人工成本，调机所产生的设备和人工成本，称为设备设置成本。

设备设置成本算法如图6-16所示。设置成本等于设备的设置费率乘以设置时间除以周期产量，设置费率等于设置设备费率加设置人工费率。设置的设备费率和人工费率与前文所述计算的设备费率和人工费率是基本一致的。

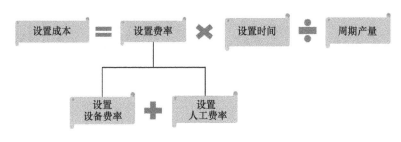

图 6-16　设备设置成本算法

设备的设置时间与设备类型有关系，一般为两个小时左右。不同类型的设备，它们的标准设置时间是不同的。周期产量指的是从第一次设置到第二次设置期间，设备所生产的零件数量。设置成本的计算方法是设备在设置的过程中产生的成本摊销到每个设置周期零件数量中的成本。

值得注意的是，设备在设置的过程中没有满负荷运转，设置设备费率约等于设备费率的 80%。

5. 制造报废成本

制造报废成本指的是生产制造零件过程中所产生的报废品的成本。因为每一道工序都有产生报废的可能，所以需要去计算每一道工序的制造报废成本，所有工序的制造报废成本相加是整条生产线实际的制造报废成本。

制造报废成本算法如图 6-17 所示，其中重要的参数是制造报废率。工艺不同，制造报废率也就不同，在一般情况下，加工的温度越高对应的制造报废率越高。

因为铸造的工作温度接近 700℃，其制造报废率较高，大概为 3% ~ 5%。铸造是可以现场返修的，比如说浸渗，计算时需要考虑返修率。

注塑的工作温度没有铸造高，大概为 300 摄氏度，其制造报废率比铸造低，大概为 0.5%。质量波动最小的工艺是机加工，加工中心在调整好参数之后，可以自动地进行机加工并且保证稳定的质量。

图 6-17　制造报废成本算法

零件在制造过程中，从第一道工序到最后一道工序，制造报废率都是不同的，计算后一道工序的制造报废成本时，需要将前面所有工序的制造报废成本作为计算基数。

6. 模具成本

按照零件的投影面积、分模线形状、型腔数量、抽芯机构数量、外观水平、公差等级去估算模具成本，然后把估算的模具成本按照零件生命周期总量或者模具的寿命进行摊销计算。需要注意的是，不同模具材料对应的模具寿命是不同的，设计模具时需要综合考虑模具寿命和产品生命周期总量的关系，避免过设计。

模具成本分布如图 6-18 所示，模具的材料和加工成本各占约 30%，占了模具总成本的绝大部分。模具因为属于非标产品，所以利润较高，可以达到 15% 左右。模具的设计和管理费分别占总成本的 10% 和 8%。

不同工艺、相同工艺不同材料对应的模具寿命是不同的。例如，热塑性塑料注塑模具的使用寿命是 100 万次，如果在热塑性塑料中加入玻璃纤维，模具的使用寿命为 30 万次左右。为什么模具寿命会降低呢？因为热塑性塑料加入玻璃纤维后，其溶胶温度升高了。高压压铸的材料选择也会对模具寿命产生很大的影响，比如锌合金因为熔点低，适合热室压铸，工

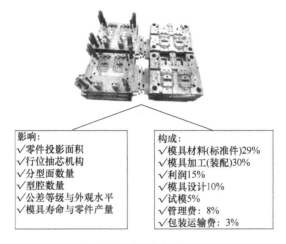

影响：
√零件投影面积
√行位抽芯机构
√分型面数量
√型腔数量
√公差等级与外观水平
√模具寿命与零件产量

构成：
√模具材料(标准件)29%
√模具加工(装配)30%
√利润15%
√模具设计10%
√试模5%
√管理费：8%
√包装运输费：3%

图 6-18　模具成本分布

作温度低，所以模具寿命最长，可达 50 万次。

铝合金熔点为 650 摄氏度左右，适合冷室压铸，模具寿命只有 10 万次。铜合金熔点为 1000 摄氏度左右，铜合金的熔点更高，所以模具寿命仅为 1 万 5 千次。以上均说明，不同工艺和材料的工作温度会直接影响模具寿命。

一次性支付是指按照模具的开发阶段将模具的成本总金额按比例进行支付，比如供应商开模时支付 50%，零件正式批产支付 40%，批产三个月后支付 10%。模具成本一般有两种摊销方式：

1）模具成本按照零件生命周期去摊销。

2）模具成本按照模具的寿命进行摊销，在计算模具寿命时需要考虑型腔数量。

当模具寿命长于零件的生命周期时，按照第一种方式摊销；当零件生命周期长于模具的寿命时，第一种、第二种摊销方式均可使用。

7. 其他成本

其他成本包含三项：加成成本、设计开发成本和包装运输成本。加成成本包括企业的管理成本、利润和过程报废成本。

管理费是指企业为组织和管理生产经营活动而发生的各种费用，比如行政管理人员的工资，招待费、广告费、差旅费、咨询费、工会开支等，一般电子行业的管理费率为 5%～8%，机加工行业的管理费率为8%～10%。

利润是指企业卖出产品的获利，家电行业的利润率为 3%～5%，汽车行业的利润率为 7%～10%，非标领域的利润率为 15% 以上。过程报废区别于上文中提到的制造报废。过程报废指的是零件从乙方工厂到甲方装配线过程中出现磕碰或者来料检测所产生的不良品成本，约为 1%。

包装运输费大概占零件单价的 3%～8%。包装费用的差异来源于包装方式是一次性纸箱还是塑料周转箱，是否需要托盘，塑料周转箱是否可以返厂利用，大型的零件是否需要考虑采用料架的方式包装等。运输费用的差异来源于配送方式，是甲方上门提货还是乙方自行运输，乙方是需要第三方仓库，还是乙方直接送货到甲方的中转仓库。

最新版本的 DFM 软件开放了更多的用户使用权限，用户不仅可以自定义材料和设备的库文件数据，还可以自定义工艺操作。用户可以根据自己的需要在 DFM 软件中输入相应的公式，通过 DFM 软件计算各类成本。加成成本如图 6-19 所示。目前 DFM 软件可计算成本的范围已经不局限于零件的制造成本了。

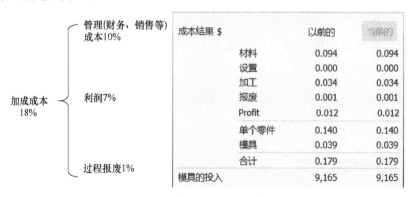

成本结果 $		以前的	当前的
	材料	0.094	0.094
	设置	0.000	0.000
	加工	0.034	0.034
	报废	0.001	0.001
	Profit	0.012	0.012
	单个零件	0.140	0.140
	模具	0.039	0.039
	合计	0.179	0.179
模具的投入		9,165	9,165

管理(财务、销售等)成本10%
利润7%
加成成本 18%
过程报废1%

图 6-19　加成成本构成及计算

6.2.4 DFM 降本设计三大原则

1. 优化材料选择，减少材料用量，降低材料成本

针对不同工艺，降低材料成本的方法是不同的。

针对注塑或者压铸零件，在机械性能和功能要求允许的前提下，首先可以考虑用普通塑料取代工程塑料，因为普通塑料的单价比工程塑料便宜一半，同时也可以考虑用改性塑料取代工程塑料，但是需要关注采用改性塑料之后模具的寿命以及废料的可回收性问题。

对于注塑件，可以考虑降低壁厚，降低壁厚意味着零件重量的降低，材料成本会下降。但是，为了避免零件的强度降低，需要考虑以增加加强筋的方式提高零件的强度。图 6-20 所示为一个降低壁厚增加加强筋的案例。需要注意加强筋的壁厚最好与零件的壁厚相等或近似，以避免不同的壁厚导致注塑时需要较长的冷却时间。

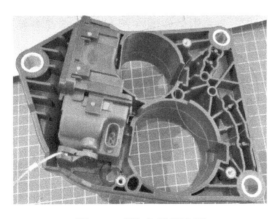

图 6-20　增加加强筋案例

对于注塑件还可以考虑采用热流道模具来避免产生废料，或者考虑采用微发泡注塑。参考图 6-21 所示的微发泡注塑方法，去提升材料的流动性，降低产品的重量，能够降低材料的成本。

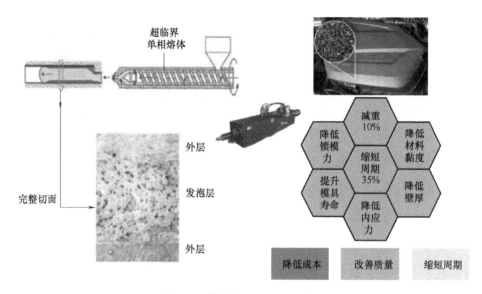

图 6-21　微发泡注塑方法及作用

　　微发泡注塑工艺对零件的壁厚有要求，一般要求零件的最小壁厚大于等于 3 毫米，否则无法应用这一方法。

　　除了减重的作用外，采用微发泡注塑基本可以省去保压的时间从而降低注塑周期；因为材料流动性的增强，可以降低模穴的压力从而降低注塑机的吨位要求，降低设备的加工成本；因为内应力的减小，零件的尺寸在温度和时间的变化下表现得非常稳定，可以提高零件尺寸的稳定性，减少翘曲的产生，提高合格率。

　　对于注塑或压铸零件，需要考虑废料的回炉利用。在计算注塑零件的材料成本时，废料回炉利用部分的成本不应该被计算到该零件的材料成本中，因为废料回炉利用部分属于下一个零件的材料成本，对该零件的成本没有任何影响。

　　针对压铸零件，可以考虑用热室压铸取代冷室压铸。因为热室压铸的合格率、材料利用率和生产效率都是高于冷室压铸的。采用热室压铸时，需要先判断材料的可行性。并不是每一种有色合金都适合采用热室压铸，只有锌合金这种不到熔点 400 摄氏度的材料才可以考虑采用热室压铸。如果高熔点的材料（比如铝合金的熔点为 660 摄氏度）采用热室压铸，会极大地影响压铸模具的寿命，反而得不偿失。

针对冲压零件的降低材料成本，首先考虑在材料选择方面，对于结构件考虑采用热镀锌板而不是电镀锌板，因为热镀锌板的单价要比电镀锌板便宜，而且耐腐蚀性更好；对于外观件，倾向于用 PCM（预涂板）取代二次喷粉或者喷油，因为往往直接采用 PCM 的材料成本更低，但是需要考虑 PCM 的切口处是否会有生锈的风险。非特殊场合尽量不要考虑使用不锈钢，铁素体的不锈钢防锈性能跟热镀锌不相上下，但是价格贵一倍，另外不锈钢的硬度高，会大大降低模具的寿命，所以针对结构件，可以考虑采用热镀锌板替代不锈钢。

针对冲压件降低材料成本的方法还有很多，例如来料方式选择、优化排料方式。两种排料方式如图 6-22 所示。优化零件设计时，应去掉产品多余特征，如图 6-23 所示。另外，设计时避免狭长设计，用成型替代拉延、激光拼焊等，都可以提升材料利用率，降低材料成本。

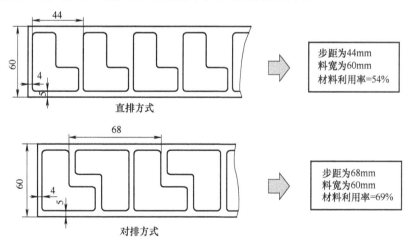

图 6-22　两种排料方式

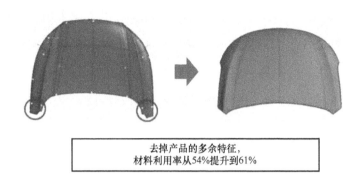

图 6-23　去掉产品多余特征

2. 降低加工时间，减少工序，优化设备选型，降低加工成本

如前文所述，在零件壁厚允许的情况下，注塑可以考虑采用微发泡注塑，在材料熔点允许的情况下，压铸可以考虑采用热室压铸，这两种工艺都可以降低加工成本。

采用 CAE 分析，可以在开模之前对整个注塑、压铸过程进行可行性分析，提前规避错误的发生。选择合适的设备吨位，可以降低设备的小时费率，降低加工成本。严格的公差不等于高品质，严格的公差只会带来居高不下的成本，产品设计工程师应该针对尺寸公差与制造工程师或者模具供应商进行团队协商，以便去综合评估公差、成本和可制造性。

降低加工时间、减少工序，是需要重点考虑的方面。对于注塑、压铸来讲，保压冷却时间占了整个加工周期的一大半。那么怎样降低保压冷却时间就成了重点研究方向。在零件设计的时候，需要考虑合适且平均的壁厚，零件的壁厚不仅影响材料成本，还会影响加工成本。不能一味追求重量轻而降低壁厚，这会影响材料在模具中的流动性，延长加工时间，增加加工成本。合理的冷却系统布置和流道形状设计会影响冷却时间。

对于冲压来说，可考虑合并工序，如图 6-24 所示。

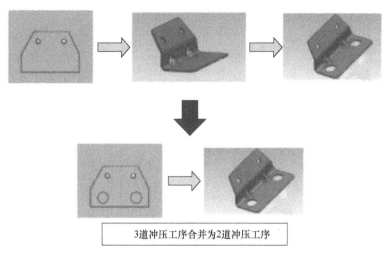

3道冲压工序合并为2道冲压工序

图 6-24　合并冲压工序

压力机生产布置方式对降低加工成本有比较大的影响。针对不同种类不同产量需求的零件，需要采用不同类型的压力机生产布置方式，如分立冲压、多级冲压、多工位冲压，如图 6-25 所示，从而提升设备利用率，降低加工成本。甚至在某些场合，还可以考虑用冲压取代铸造以降低成本，比如汽车的下摆臂采用多层冲压取代铸造等。

设备选型也是降低加工成本的关键，应避免"大马拉小车"，尽量选用性价比高的设备以降低加工成本，下面以汽车门把手为例来看看怎样进行注塑机选型。

如图 6-26 所示，在进行注塑机选型时，需要从两个维度去考虑，第一是锁模力，注塑机的锁模力必须大于原材料在模具型腔中的膨胀力，否则无法完成注射过程；第二是尺寸，注塑机的四根哥林柱间距必须大于模具的尺寸，如果小于或等于模具的尺寸，模具是无法放入注塑机的。这两项结果取最大值就是最终选定的注塑机型号，在本例中，注塑机的最优型号为 380 吨。

分立冲压 (人工/机械手)	多级冲压	多工位冲压 (连续模)
多品种，小批量 优点：节拍时间慢，柔性好，易维护 缺点：压力机、模具及人员占用多	多品种，中批量 优点：节拍时间较快，人员占用少 缺点：压力机和模具占用多，柔性一般	少品种，大批量 优点：节拍时间快，人员及设备占用少 缺点：对压力机要求较高，柔性差

图 6-25　分立冲压、多级冲压、多工位冲压

材质PA，尺寸：430mm×120mm×30mm
模具型腔数量：一出一

① 设备锁模力=投影面积×穴数×型内压力系数×安全系数

型内压力系数与原材料的特性有关，也称为吨位系数
(kg/cm²)，PP/PE:400；PAC/POM:600；PA:600；PC:700；
其他:500加玻纤增加15%~20%

锁模力大于：$430×120×1/100×600/1000×1.2=372(t)$
理论模尺寸：430mm+2×140mm=710mm
综上：选择380t的注塑机均可

② 注塑机哥林柱间距>模具尺寸

产品尺寸	模具边距	产品尺寸	模具边距
< 180	50	> 600, <800	170
>180, <300	80	>800, <1000	200
>300, <420	110	>1000, <1800	250
>420, <600	140	>1800	300

横向

纵向

设备/t	58	86	120	160	200
导柱间距	310×310	360×360	410×410	455×455	510×510
设备/t	250	360	530	650	780
导柱间距	570×570	710×710	830×830	895×895	980×980
设备/t	1400	1600	2400	2800	3600
导柱间距	1450×1350	1500×1350	1800×1700	1900×1750	2160×1900

图 6-26　汽车门把手注塑机选型

3. 优选模具材料，简化模具结构，降低模具成本

影响模具成本的两个关键因素是模具的材料、模具的结构（型腔数量）。不同模具材料模具的寿命不同，在选择模具材料时需要关注该零件的生命周期产量，使模具的设计寿命和零件的生命周期产量匹配，避免模具过设计，造成模具寿命的浪费。

模具材料的选择还需要综合考虑零件的生命周期产量、型腔数量以及设备吨位这三个参数。

在可以成型相同形状零件的前提下，模具结构越简单，模具成本越低。相同的零件形状决定了模具具有相同的成型系统，模具的其他结构差别也不会太大，唯一可以考虑优化的是模具的行位机构和抽芯机构。要注意区分行位机构和抽芯机构，行位机构是借助模具自身的运动去推动模具内置的导柱和滑块运动，抽芯机构是靠外力（气缸油缸）来实现开模，它们之间有本质的区别。行位机构如图 6-27 所示，抽芯机构如图 6-28 所示。

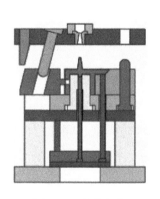

图 6-27　行位机构

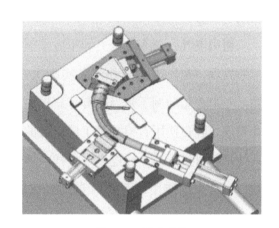

图 6-28　抽芯机构

模具的行位机构和抽芯机构越多，模具的体积就越大，自然模具成本就越高，所以应尽可能地减少模具中行位机构和抽芯机构的数量，从而降低模具成本。比如，合理设计分模线的位置，可以尽可能地减少行位机构的数量。

对于小批量生产的零件，可以优先考虑使用家族模具。家族模具是指一套模具中包含多个不同形状的模穴，不同形状的模穴对应不同形状的零件，也就是说家族模具可以一次生产多种零件，从而大幅度节省模具成本。

6.3 价值工程

6.3.1 价值工程简介

价值工程可用于优化产品成本，为很多企业所熟知。它的历史要追溯到第二次世界大战期间，那时候由于战争造成多方面的物资紧缺，尤其与军事用品相关的物品消耗非常迅速。许多物资供应商发现如果按照原有的材料标准供应，很快就会出现供应不足、成本过高的问题。

通用电气公司当时是美国军方关键的供应商，负责采购的劳伦斯·迈尔斯发现，客户需要某种产品实际上需要的是那种产品所提供的某种功能。一个著名的例子是当时有客户提出需要石棉材料，迈尔斯等人通过调查发现，客户使用石棉是做工厂厂房的防火材料，而实现防火功能其实有其他材料可供选择。经过多方查找，他们找到了一种防火纸，同样可以起到厂房防火的作用，而成本要比石棉低很多。这样，用防火纸替代了石棉，从而降低了供货成本。

通过这些实践经验，迈尔斯总结出，对于产品来讲，客户最关注的是对他们需要的功能或者性能的实现，而具体使用什么样的材料和工艺来实现，选择并不是唯一的。通过发现性价比更高的选择，能帮助将产品成本控制在一个合理的水平。渐渐地，这个理念形成了一套方法论，这就是价值工程的雏形。

1959 年，迈尔斯发起了践行价值工程的活动，参与这些活动的工程师组成了美国价值工程师协会（SAVE），即世界价值工程协会的前身。

6.3.2 价值工程的应用

价值工程的核心应用是平衡产品功能与成本之间的关系。功能是指期望产品具备的能力，比如智能手机的电话功能是基础功能，此外还有拍照、导航，甚至支付功能，客户通过使用这些功能得到某种益处，也就是实现了他们所要的价值。实现每种功能都需要成本投入，站在客户的角度，产品的价值等于功能除以成本，即下面的价值公式：

$$价值 = \frac{功能}{成本}$$

价值通俗来说可称为"性价比"。基于这个价值公式，有提升价值的五种方式来，如图 6-29 所示。

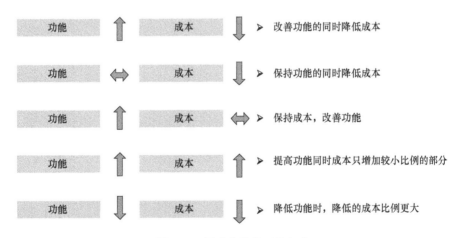

图 6-29　提升价值的五种方式

在实际应用中，价值工程方法可分为价值分析（VA）和价值工程（VE）两种方式。价值分析（VA）通常是在产品量产及上市之后使用，主要是了解产品各个功能在客户那里的评价，包括各功能的重要性以及产品在功能上的表现，分析实现各功能的成本投入的合理性，并同时提出持续改善措施。价值分析的结果会作为下一代产品开发时的重要输入，帮助开发人员在新产品开发中优化产品的价值。价值工程（VE）是在产品概念设计和详细设计阶段使用，通过设计和优化各功能模块的成本投入，最大化产品的价值。

价值分析（VA）和价值工程（VE）在产品各阶段的应用如图 6-30所示。在产品开发早期阶段，应用价值工程优化产品价值非常重要，越早实施价值工程改善，改善潜力就越大。如果等到量产以后甚至产品上市再做改善，改善空间会非常有限，而且所付出的代价会更大。

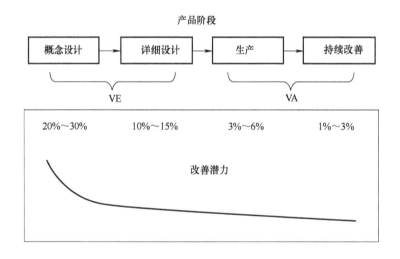

图 6-30　价值分析（VA）和价值工程（VE）在产品各阶段的应用

应用 VA 和 VE 是一个不断循环的迭代过程，即在产品设计初期应用价值工程优化产品价值，上市之后通过价值分析了解产品的市场表现，将价值分析的结果应用到下一代产品的开发，如此循环往复，产品价值会不断得到提升。

6.3.3 价值分析的基本流程

价值分析的基本流程如图 6-31 所示。

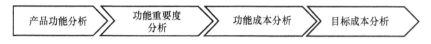

图 6-31 价值分析的基本流程

价值分析的目的是弄清产品各个功能应该投入多少成本才是合理的。价值分析工作从产品的功能分析开始。功能分析是指分清产品从整体到具体模块所能完成的工作是什么。

功能是指产品可以做的工作即完成的任务。功能分析有多种做法，比较直观的做法是从系统到子系统分解各个功能。系统级别的功能称为基本功能，是一个产品作为整体所能完成的工作，体现了产品用户使用产品的最主要目的；子系统级别的功能称为二级功能，主要是支持系统级别功能的实现，或者提升用户使用产品的体验。从二级功能再向下分解，是模块及零件级别的功能，也称为设计功能。

功能分析 FAST 图模板如图 6-32 所示，供读者进行功能分析时参考。

投影仪功能分解示例如图 6-33 所示。投影仪的基本功能是投射图像，向下分解为四个二级功能，分别是调整图像、显示数据、提供照明以及管理温度。这些二级功能为用来保证基本功能的实现。将二级功能再向下分解，比如调整图像可以分为放大图像和聚焦图像两个下一级设计功能。

进行功能分解后，需要分清各个功能的重要度。重要的功能意味着对用户的价值更高，一般需要投入的成本也较高；次要的功能对用户的价值相对较低，一般应该用较低的成本实现。

确定产品各功能的重要度可以有以下几种方式：

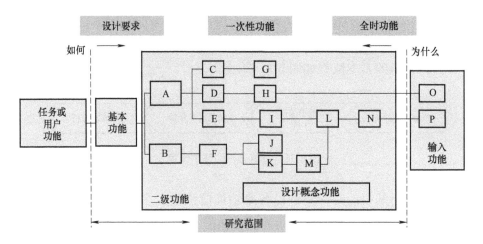

图 6-32   功能分析 FAST 图模板

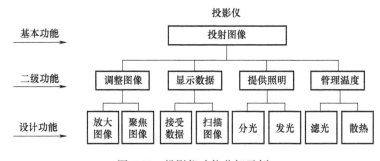

图 6-33   投影仪功能分解示例

1）客户调查——通过对目标客户的调查，了解客户对产品各功能重要度的评价。这是最有说服力的方式，因为产品设计就是要准确把握客户的需求。问题是，客户通常只会对产品的整体功能做出判断，而对细分功能一般不会涉及。

2）对标分析——通过对同行业竞品的对标分析，主要是功能成本分析，可以看出竞争对手在不同功能上的成本投入情况，进而推断行业竞争对手对各功能重要度的判断。尤其是对标那些在市场上比较成功的竞品，能分析出值得学习的功能重要度定位。

3）内部团队判断——结合内部团队的专业经验和一些决策方法，做出的功能重要度判断。比较典型的做法包括内部团队多重投票法、针对功能的配对比较法。

以投影仪为例讲解一下配对比较法，将投影仪的二级功能分别按矩阵的行和列排列，如图 6-34 所示，逐次比较位于行和列对应位置的两个功能。如果行比列对应的功能显著更重要，则在交叉的格子中标 3；如果行比列中等更重要，则在交叉的格子中标 2；如果行列功能同等重要，就标 1；如果行比列相对次要时，则根据情况标注 1/2、1/3 等。然后，将每行的分数加和，得到每个功能的合计分数，再核算出每个功能分数占总分数和的百分比，就完成了对各功能重要度的划分。注意要评定重要度的功能应是在同一个层级上的，本例里的功能都是二级功能。

投影仪示例

1：同等重要
2：中等更重要
3：显著更重要

功能	调节图像	显示数据	提供照明	管理温度	合计	占比
调节图像	1	2	3	2	8.00	39.7%
显示数据	1/2	1	1	2	4.50	22.3%
提供照明	1/3	1	1	3	5.33	26.4%
管理温度	1/2	1/2	1/3	1	2.33	11.6%

图 6-34　投影仪功能重要度配对比较示例

确定了功能的重要度后，价值分析的下一步是核算每项功能的成本。对于现有产品，应列出构成产品的各个子系统/模块，根据每个子系统/模块对各个功能的贡献将成本分配到各个功能上，计算出每项功能的成本。这个过程可以用功能成本矩阵来完成。

组件级别和单件级别的功能成本分析矩阵表 6-4 和表 6-5。

表 6-4 功能成本分析矩阵（组件级别示例）

序号	功能→ 组件↓	组件成本	功能 1			功能 2			功能 3			功能 4			功能 5		
			Y/N	%成本	功能成本	Y/N	%成本	功能成本	Y/N	%成本	功能成本	Y/N	%成本	功能成本	Y/N	%成本	功能成本
1	组件1	100	Y	50	50	N		0	Y	30	30	Y	20	20	N		0
2	组件2	60			0	Y	60	36	Y	20	12	N		0	Y	20	12
3					0			0			0			0			0
4					0			0			0			0			0
5					0			0			0			0			0
6					0			0			0			0			0
7					0			0			0			0			0
8					0			0			0			0			0
9					0			0			0			0			0
10					0			0			0			0			0
11					0			0			0			0			0
12					0			0			0			0			0
13					0			0			0			0			0
14					0			0			0			0			0
总功能成本					50			36			42			20			12

表6-5 功能成本分析矩阵（单件级别示例）

序号	功能→ 操作↓	操作成本	功能1			功能2			功能3			功能4			功能5		
			Y/N	%成本	功能成本	Y/N	%成本	功能成本	Y/N	%成本	功能成本	Y/N	%成本	功能成本	Y/N	%成本	功能成本
1	压铸	40	Y	70	28	Y	30	12									
2	机加工	60	Y	40	24	Y	60	36									
3																	
4																	
5																	
6																	
7																	
8																	
9																	
总功能成本					52			48			0			0			0

以投影仪为例讲解一下功能成本矩阵，如表 6-6 所示，列出投影仪的子系统/部件名称，并根据成本数据列出每个子系统/部件的成本。在左边的功能区，将二级功能按列排出，然后根据对各个功能的贡献将每个子系统/部件按比例分配到各个功能中去。判断对各个功能的贡献，可以根据能量在各个功能的分配，或者该子系统在产品使用过程中支持各个功能的时间占比来决定。如果这样判断仍有困难，还可以将子系统再拆分到零件级别，一个零件承担多个功能的可能性就会小得多。划分了对各功能的贡献比后，在右边的成本区，将具体的成本数值按比例计算出来。最后，将每个功能的成本求和，就得到功能的成本，并计算出成本占比百分数。

表 6-6 功能成本矩阵——投影仪示例

子系统/部件名称	功能贡献比				成本/美元				
	调整图像	显示数据	提供照明	管理温度	子系统/部件成本	调整图像	显示数据	提供照明	管理温度
轻型电机	20%	5%	70%	5%	623.60	124.72	31.18	436.52	31.18
控制器板	0	100%	0	0	120.00	0.00	120.00	0.00	0.00
用户界面面板	100%	0	0	0	6.00	6.00	0.00	0.00	0.00
灯/逻辑电源	0	50%	50%	0	90.00	0.00	45.00	45.00	0.00
附件	20%	0	0	80%	61.22	12.24	0.00	0.00	48.98
风扇	0	0	0	1.0	24.00	0.00	0.00	0.00	24.00
电气模块	0	50%	20%	30%	24.15	0.00	12.08	4.83	7.25
合计					948.97	142.96	208.26	486.35	111.40
比例						15.1%	21.9%	51.3%	11.7%

计算了功能的成本占比后，将功能的重要度占比（纵轴）和成本占比（横轴）绘制在一张图上，即目标成本图，如图 6-35 所示。

该图中的对角线代表了成本占比和重要度占比相等的情况，这条线称为目标成本线。落在这根线上，或者非常接近这根线的功能，说明成本占比和功能重要度非常匹配，达到了目标成本；反之，离开这根线较远的功

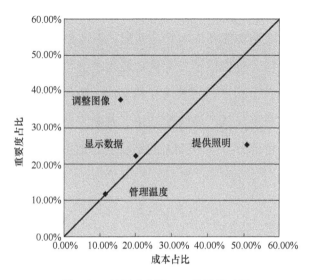

图 6-35   目标成本图——投影仪示例

能，说明成本占比和功能重要度匹配得不好。图 6-35 中在对角线上方的调整图像的功能，成本投入相对重要度来说比较低，说明用较少的成本实现了较重要的功能，很多情况下，这不一定是坏事，但如果该功能的性能表现不佳，就要通过多投入些成本来提升。相反，在图 6-35 中对角线下方的提供照明功能，成本占比明显超过了重要度占比，说明成本投入过多，应该是降本的重点目标。

可以使用价值指数这个指标来评估每项功能的成本投入的合理性，其计算公式为：

$$价值指数 = \frac{\%重要度}{\%成本}$$

在公式中，%重要度指的是某个功能的重要度占比，%成本指的是在该功能上投入的实际成本占比。根据这个公式，如果价值指数大于 1，则功能重要度超过成本占比，如果没有性能问题，对于该功能可以不做调整，如果有性能提升的需要，可以通过增加成本完成；如果价值指数小于 1，则成本占比超过了功能投入，那么对该功能就需要考虑降低成本；当价值指数等于 1 时，即表明功能和成本完全匹配，不需要做调整。

总的来说，价值分析提供了一个从功能入手分析成本投入合理性的方法。当用 DFMA 方法分析产品寻找简化机会时，价值分析的结果是重要的参考，帮助设计人员不仅从产品装配结构上判断复杂性，还从功能实现上做更全面的判断。价值分析与 DFMA 的结合更好地保证了对于产品的合理降本。

6.4 产品对标分析

6.4.1 对标意义的进一步探讨

通过对标可以识别本品与竞品在设计上的差异，学习别家产品的优点，最终目的是帮助自己的企业尽快开发出有竞争力的新产品。假如要采用新技术或新方法设计产品，但是不知道是否可行，也不清楚真正实施了新设计后产品的成本会是怎样的，就可以通过对标来寻找答案。如果可以在竞品上发现类似的新技术，说明这种技术已经能够实现且市场接受度很好，说明技术风险并不高，同时再分析出竞品的成本，对未来采用类似技术的自身产品的成本也就有了一个明确的预期，就可以大胆地按照这个技术路线去将开发继续下去直到完成。总体来说，对标在一定程度上可以帮助设计人员解决对未来产品技术可行性和成本可行性这两方面不确定性的困惑。对标对技术和成本不确定性的意义如图 6-36 所示。

将对标工作真正做得好的企业一定会通过一个专门的部门来长期负责这项工作，也一定有一个固定的场所，也就是前文提过的对标中心来实施。

目前国内很多企业在建设对标中心，这是非常有必要的，但是能够系

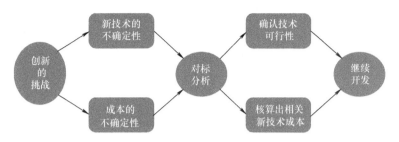

图 6-36　对标对技术和成本不确定性的意义

统性地坚持把对标中心用好的企业还不是很多。针对这一点，需要企业领导从战略的高度下决心把这件事推行下去，因为对标工作为产品研发可以带来的价值是不可估量的。

6.4.2　产品对标的几种典型做法（性能对标、技术对标、工艺及成本对标）

对标的角度可以有不同的选择，主要可以分为性能对标、技术对标、工艺及成本对标这三种。

产品性能对标包括可靠性、耐用性、动力性等，如果是汽车产品对标，需要考虑操控性、安全性、燃油经济性、动力系统性能、噪声、驾乘舒适性等。性能对标是企业中最常见的对标方式。从传统研发的角度看，性能往往是优先需要考虑的，因为性能反映了客户对产品的需求。

产品的技术对标往往针对的是新推到市场上的产品，或者在技术上一直处于领先地位的产品。目标是通过对标这类产品，去发现并学习新技术，评估技术转化的机会，最终将类似技术落实到自己的产品上。比如一些先进产品，如波音 787、宝马 i3，对于碳纤维复合材料的使用，就曾经引起多个行业企业的关注。近年来，在新能源汽车领域，各种与电池、电控相关的技术也持续地在行业内受到许多家企业的高度关注。

产品的工艺及成本对标直接与挖掘产品设计降本机会相关，这是很多企业还没有足够重视的一种对标方式。

6.4.3　工艺及成本对标的一般做法

产品工艺及成本对标要完成对竞品的结构、材料和工艺方面的分析，如果数据库足够强大，还能够推算出竞品的供应链状况，最重要的是估算竞品的应该成本。

产品工艺及成本对标一般流程如图 6-37 所示。

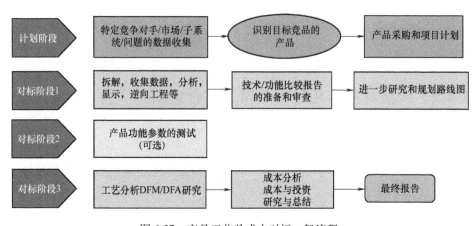

图 6-37　产品工艺及成本对标一般流程

首先，在计划阶段，需要识别特定的市场，主要的竞争对手，并确定对标的主要目的。然后，选定目标竞品并通过采购等方式获得实际的竞品。在对标阶段 1，对采购来的竞品进行实际的拆解和数据分析，同时，有条件的话也拆解一台企业自己的同级别产品进行对比，识别不同产品间主要的差异点。在对标阶段 2，如果有必要，就对产品的功能参数进行测试，有时，也会需要对竞品某些零件的材料进行专业测试。到了对标阶段 3，要真正围绕工艺和成本进行分析，这个过程最好可以运用 DFMA 的方法及软件帮助分析具体的数据，数据分析的目的是识别成本差距，借鉴竞品的好的做法，思考在自己的产品上如何通过设计的改善来降低成本。对标的最终输出是生成对标报告，给出分析得出的产品间重要差异及差异原因，并给出企业自己产品的改善设计建议。

6.4.4　产品对标案例

对标是基于把握市场、技术发展趋势而主动地、目的明确地去寻找一些热门的产品进行一系列的分析，一方面发现竞品的设计亮点从而有机会学习转化，另一方面掌握该领域的设计发展趋势，把握未来，提前布局。下面用两个典型案例让读者更加清楚地认识对标。

1. 新能源汽车领域的对标案例

目前我国在新能源汽车领域发展迅速，很多国内外知名品牌的产品成了各个新能源整车厂对标的对象。企业或者一些咨询机构在买来这样的整车之后，会进行充分的拆解分析，挖掘在结构设计、工艺特点、具体技术上的优势来学习，特别是在"三电"（电池、电控和电机）上的技术特点。当前的汽车自动驾驶技术处于快速发展期，汽车上的自动驾驶模块往往也是对标中重点分析的部分。在这样的对标工作中，经常需要召集结构设计、工艺设计、电池、电控、电机、智能控制等领域的专家共同研究竞品上的相关部分，讨论对企业自己产品的借鉴意义和学习转化的可能性。某品牌新能源电池部分组件拆解如图 6-38 所示。

对标时可以利用 DFMA 方法和软件，对产品的可制造性和可装配性进行分析，并核算重点零部件的应该成本。如果在企业自己的产品上也设计了类似的产品模块，可以从竞品的成本分析中推算出自己产品未来的可能成本。用 DFMA 软件分析某汽车座椅的装配效率如图 6-39 所示。

2. 家电领域的对标案例

家电行业的产品竞争多年来一直都非常激烈。每到购物旺季，往往可以看到家电品牌之间大打价格战，降价幅度甚至可以达到"惨烈"的地

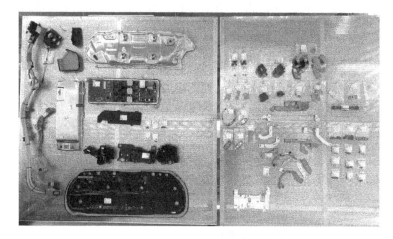

图 6-38　某品牌新能源车电池部分组件拆解

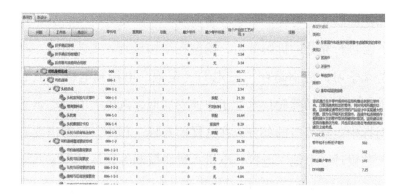

图 6-39　用 DFMA 软件分析某汽车座椅的装配效率

步。因此，家电行业产品的成本对标现在越来越成为家电企业关注重点
工作。

　　两款洗碗机拆解对比如图 6-40 所示。

　　将两款产品都完全拆解之后，先进行直观对比，可以看出 S 品牌在设
计上更加简单，零件数量明显少于 C 品牌。而且，S 品牌还采用了先进的
轻型电机，在技术上更具备优势。对洗碗机进行 DFMA 分析对比，如
图 6-41所示。

图 6-40　两款洗碗机拆解对比，左图为国外品牌 S 的产品，右图为国内品牌 C 的产品

输入项包含重复	C 洗碗机	S 洗碗机
零件符合最少零件标准	30	32
零件需要考虑被取消	122	58
所分析的子组件	10	7
独立的装配操作	62	9
所有输入	224	106

装配人工时间/s		
零件符合最少零件标准	218.66	234.28
零件需要考虑被取消	1543.24	444.20
所分析的子组件的插接	67.33	47.13
单独的装配操作	442.93	58.75
总体装配人工时间	2272.16	784.36

设计效率		
DFA指数	8.56	26.46

图 6-41　对洗碗机进行 DFMA 分析对比

从 DFMA 分析结果可以看出，S 洗碗机在零件总数上明显少于 C 洗碗机，装配时间仅有 C 洗碗机装配时间的约三分之一左右，设计上明显要简单得多。S 洗碗机在市场上价格要比其他品牌洗碗机高出 60，销量也要好于 C 品牌，这方面是值得 C 品牌好好学习的。这里有一个非常重要的指数，DFA 指数，它代表理论最少零件的装配时间除以所有零件装配时间的比值再乘 100，这个指数越高，证明产品装配性越好。

目前，国内扫地机器人市场需求越来越大，参与到这个市场的企业也越来越多，当竞争开始变得激烈时，成本就成为必须要关注的问题。在国内销售的三款扫地机器人的拆解对比如图 6-42 所示，分析时重点关注了扫地机器人的可装配性，并估计了成本差异。

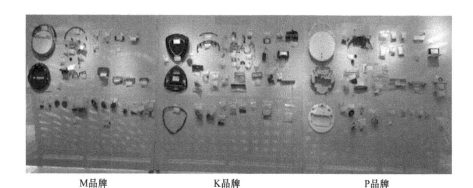

M品牌   K品牌   P品牌

图 6-42　三款扫地机器人的拆解对比

对三款扫地机器人的与装配性相关的指标分析如表 6-7 所示。

表 6-7　三款扫地机器人的指标对比

指标	M 品牌	K 品牌	P 品牌
零件总数/个	52	48	60
螺钉种类/种	3	7	4
螺钉数量/个	41	34	11
DFA 指数	12.8	9.96	19.4

对比之后发现，虽然零件总数比较接近，但是螺钉的种类和数量对装配的影响是非常大的。螺钉种类和数量均最少的 P 品牌产品，DFA 指数最高，也就意味着最容易装配。至少从装配成本的角度考虑，P 品牌产品具有明显的优势。

可以跨行业进行对标，从不同的行业借鉴不同的设计理念。在某个行业成功实施的方法可能对于另一个行业就会比较陌生，但是如果解决的问题类似，那另一个行业的企业就可以借鉴这个方法，用最短的时间解决问题。

笔者曾经遇到的一家企业对洗衣机的噪声表示无能为力，恰巧我们做过汽车的对标分析，知道汽车在降噪方面有很多经验，于是建议这家企业去研究一下汽车的隔音材料。这家企业很高兴由此打开了思路，以前从来没有朝这个方向去考虑过。

做好对标对于提高自身产品开发的效率和质量有非常重要的意义，同时，通过对标也能随时把握技术和市场发展趋势，应开展成持续性的、系统性的工作。希望看到越来越多的企业更加关注对标工作。

关键图表索引

后记 ◖

我国制造业在过去 40 年的时间里，随着改革开放的步伐快速成长，从最初只能生产低端的产品，到逐步提高品质，提高生产效率，在世界上的认可度不断提高，直到在一些行业可以和国外品牌一决高下，有些行业，如家电，甚至逐渐建立了在国际市场上的优势地位。我国制造业的成功，除了依靠中国人吃苦耐劳的奋斗精神，也离不开企业不断向先进国家优秀企业的学习和借鉴。在提高产品质量方面，六西格玛方法早在 21 世纪初就引入我国，并用了 20 年时间成为一个被各企业普遍认可的管理方法，而几乎在同样的时间段，精益生产也在我国逐步生根发芽，为企业提高效率、降低成本做出了卓越的贡献。

然而，降本设计 DFMA 方法尽管在世界上已经推广了 40 年，比六西格玛方法的历史还要长一些，却在我国长时间籍籍无名，很多企业甚至从来都没有听说过。这个现象多少有些让人不解，但是如果仔细思考我国制造业这么多年的发展历程，也许能看出一些原因。在我国制造业向更高一级台阶迈进的过程中，提升产品质量成为一个重要主题。此时，如六西格玛这样帮助提升质量的方法就受到普遍欢迎。刚开始突出重视质量时，能做到被多数客户认可产品质量的企业并不是很多。再发展一段时间，当我国越来越多的企业具备了更强的质量意识，也切实提升了产品质量水平时，竞争变得激烈起来，打价格战慢慢成为竞争激烈行业的一种常见现象，这时候产品的成本问题才逐渐成为企业的关注重点。但是，即使产品成本是个重要问题，很多企业起初也很少能意识到是产品设计决定了成本，而更多的是去压生产和供应商。直到最近几年，在外部宏观环境动荡的情况下，很多企业开始认识到，把产品相关技术掌握在自己手中，不断创新才是持续发展之道，所以在研发、设计上开始加大投入，与研发相关的方法论越来越受到重视。DFMA 作为一种产品设计的方法论在最近几年被越来越多的企业认识并引入。

需要一直强调的是，产品成本管理这件事，不是任何传统的单一部门可以全部做好的，必须要有多部门的协同配合。很多企业在仅仅导入了DFMA 方法论不久就很难坚持下去的主要原因，是没有高层领导的坚决要求，各个传统部门由于各自目标不同，精力投入也不同，很难形成合力。进行设计降本需要成立成本工程部这样的部门，以及建构面向全流程的成本管理体系，并不是只有 DFMA 方法论这么简单。

令人欣慰的是，已经有很多企业在推动产品降本设计工作时，在通过DFMA 工作坊或项目取得产品降本初步成效后，考虑着手建立一个内部持续运转的体系，让成本管理工作融入企业相关的各个流程中，使得降本设计成为一种工作习惯，甚至成为一种"信仰"。当前，对于企业来说，不用降本设计思想去进行研发设计工作，是一定会被市场淘汰的。

对于制造型企业来说，做好产品成本管理工作任重而道远，产品优化、人才培养、数据建设、流程建设、组织架构优化等样样都需要投入时间和精力，不能松懈。但是，只要找到正确的方向，在企业内部形成合力，就一定可以取得成效，从加强产品成本竞争力，发展到最终获得成本领导力。

谨以此书献给蓬勃向上的中国制造业，为中国产品获得更强的竞争力尽一份绵薄之力。